首長たちの挑戦

女が政治を変える

女政のえん▼編

世織書房

はじめに──女性参政権実現七〇年を振り返りつつ

● 赤松良子 ●●●●

二〇一五年という年は、いろいろな意味で意義深い年である。戦後七〇年、と誰もが思うだろう。ということは、女性の参政権が実現して七〇年でもあるのだ。

一九四五年の十二月、衆議院議員選挙法が改正され、二〇歳以上のすべての女性の選挙権が実現した。翌年四月一〇日の総選挙では七九人の女性が立候補、三九人が当選して衆議院議員のバッジを胸にした。この数字が、女性の議員数の多さで世界何位くらいであったかは、わからない。その時期には、現在のような国際的なデータがそろっていなかったが、もし調べたとしたら、かなり上位だったことは間違いないと思う。現在女性議員比率の高い国として上位を占めるアフリカ諸国が、まだ独立もしていなかった時代なのだから。

多くの先進諸国で第一次世界大戦が終結した後、女性の参政権が実現してきたけれど、三〇年か

赤松良子（あかまつ・りょうこ）――一九八二年に労働省婦人少年局長、翌八三年組織改編に伴い初代婦人局長に就任。一九八五年に成立した男女雇用機会均等法制定の先頭に立ち、一九八六年から三年間ウルグアイ大使を務め、一九九三年細川護熙内閣では女性初の文部大臣を歴任。現在、国際女性の地位協会名誉会長、WINWIN代表、日本ユニセフ協会会長。「ベアテの贈り物」の映画製作、上映活動には「両性の平等に触れた二四条を残してくれたからこそ、今日の日本女性がある」と奔走した。国際女性の地位協会の一〇周年を記念して赤松氏が拠出した基金で「赤松良子賞」が制定された。二〇〇三年、女性として初の旭日大綬章を受けている。著書に『うるわしのウルグアイ――女性大使の熱い三年』（平凡社、一九九〇年）、『均等法をつくる』（勁草書房、二〇〇三年）、『忘れられぬ人々』（ドメス出版、二〇一四年）などがある。

そこらで女性議員が二桁になったわけではなかった。後に私が住んだこともある南米では、参政権を得た後でさえ、実際には女性議員がゼロだった場合もあったと聞いている。そうしたことを考えに入れると、日本で最初の機会に三九人もの当選者が出たということは、今から見ても確かに画期的なことだった、と胸を張って言ってよい。

しかし、その翌年には選挙区制が大選挙区制から中選挙区制に、投票方法も連記制が単記に変わって、戦後二回めの総選挙*では一五人に激減してしまった。第三回め（一九四九年）は一二人である。その後も一桁前後で低迷する時期が続いていたのが、九〇年代から徐々に女性議員が増えた。

二〇〇九年の第四五回総選挙では五四人となり、過去最高を記録した。と言っても、これは全体の一一・三%にすぎないし、次の二〇一二年の選挙では三八人（七・九%）と比率がまた一桁に戻ってしまった（この時は、四〇人いた民主党の女性議員がなんと三人になってしまったのだから、情けないと言おうか、何とも言いようのない気持ちであった）。そして現在（二〇一四年一二月選挙の結果）は、衆議院の女性議員は四五人で、九・四%である。女性が参政権を獲得して七〇年を経て、まだ一割にも達していないというのが現実である。

ジェンダー・ギャップ指数**というのをご存知だろうか。それで比較してみると、日本はなんと世界ランキング一〇四位（二〇一四年、一四二カ国中）で、残念ながら先進国中最低のところにある。この指数の一つである「健康と生存」では三七位とそんなに悪くないのだが、「政治への関与」

＊「戦後二回めの総選挙」一九四七年の第二三回総選挙のことで、日本国憲法下としてはこれが初めての総選挙であった。前年の四六年四月の総選挙は大日本帝国憲法下で施行されたもので、大選挙区制・複数連記であった。

＊＊「ジェンダー・ギャップ指数」ＷＲＦ（世界経済フォーラム）の毎年発表する「男女格差に関するレポート」。格差を指数化し順位づける。以下の四分野の男女格差を測定。①経済活動の参加と機会（給与、参加レベル、専門職での雇用）、②教育（初等教育や高等・専門教育への就学）、③健康と生存（寿命と男女比）、④政治への関与（意思決定機関への参画）。総合スコアは四分野のスコアの平均値による比較。

の指数が一二九位と低く、ぐっと足を引っ張っているためである。

「政治への関与」には、議員だけでなく自治体の首長という地位も考慮されているのだが、この点についても、日本はまったく自慢できる状態ではない。議員と違って首長というのはただ一人、小なりといえども市町村の長、いわんや府県知事ともなれば大変なもので、女性に務まるわけがないと長い間思いこまれてきたのだろうか。（町村長のことは今措いて）女性の市長が初めて生まれたのは、一九九一年四月、兵庫県の芦屋市のことであった。続いて翌年神奈川県逗子市に、環境汚染反対を旗じるしに女性市長が当選し気勢があがったものの、後が続かなかった。一九九三年には大きな政権交代*があって、新内閣に三人の女性閣僚が出て（議員経験を持たなかった私にも声がかかり、文部大臣を務めさせていただいた）話題になったが、それも首長選挙にまで影響を及ぼすには至らなかった。世紀が変わる直前、国立市の市長に本書にも登場する上原公子氏が当選されたのは本当に喜ばしいことであった。

そして、二〇〇〇年代の幕開けに大阪府に初の女性知事（太田房江氏）が誕生。続いて熊本県知事（潮谷義子氏）、千葉県知事（堂本暁子氏）が登場し、女性三知事時代が実現した。二〇〇三年に北海道（高橋はるみ氏）、二〇〇六年に滋賀県（嘉田由紀子氏）と出そろい、北は北海道、南は九州まで、五人の女性知事というのが今日までで最高の記録である。残念ながらその後四人の知事が退かれ、新たに（二〇〇九年）山形県知事になられた一人（吉村美栄子氏）を得て、現在は北海道と山形の二人の女性知事という状況である。

私は女性の政治参画推進に役立つようにと、心ある仲間と語らって一九九九年にWINWINという女性のための選挙支援の組織（女性の政治家・女性候補者を支援する超党派のネットワーク。当初は少額ながら資金援助もしていた）を立ち上げ、代表を務めて来た者である。

すぐに国会議員の選挙で四人を推薦し、三人が当選したので意気が上がっていた頃、創立会員の一人堂本暁子氏が参議院議員を辞して千葉県知事に立候補すると決断された。私たちが喜び勇んで堂本氏の応援に繰り出したのは言うまでもない。本書にも、女性の政治家としての堂本氏の確たる信念、後に続く人への強い励ましが語られているので、ぜひご覧いただきたい。ところで、堂本氏立候補の一年前、熊本県知事に女性が立つということを聞きつけたので、WINWINから応援をしたいと電話をかけたのであるが、責任者の男性（夫君だと後でわかった）が出てきてきっぱり断られるという一幕もあった。お金を出すなんていうのはヘンな団体だと思われたらしい。今となっては笑い話であるが、本書にはそんな出来事についても潮谷義子氏自身が語っておられる。

二一世紀を迎えようとする時期に始めたWINWINは、女性知事が次々と誕生する時期と重な

＊「大きな政権交代」　一九九三年に、非自民の連立政権・細川護熙内閣が誕生した。赤松良子文部大臣、久保田真苗経済企画庁長官（社会党）、広中和歌子環境庁長官（公明党）の三人の女性閣僚が実現した。

ったのは得がたいめぐりあわせであったが、その後いくたびか存立が危ぶまれることもあった。何とか持ちこたえ、何度かの総選挙に衆・参の議員を送り出して今日に至った。超党派で、全国ベースで、としてきたが、会員が東京に多いため、地域的な広がりに限界があるかもしれない。アンテナを高くして運動を広げるよう努めるとともに、女性の政治参画に関心を持つ他の団体もできているので、協力できる接点はよく話し合い、足の引っ張り合いにならないことが大切だと思っている。

*

「女政のえん」と銘打ったリレートークが始まった二〇〇六年、その二回めのゲストとしてお話しする機会をいただいた。トークの世話人の中にＷＩＮＷＩＮの会員がいたこともあるが、場所となった「花のえん」というお店は、以前訪れたことがあった。男女雇用機会均等法の制定に何とかこぎつけた後、一九八五年の秋ごろだったと思うが、どうしても連れて行きたいと言って知人に案内されたのがこの店の前身（当時は「居酒屋じょあん」と言っていたと聞く）であった。案内してくれた人は、私をねぎらってくれるつもりだったのか、女性のためにと開かれたこういう店に集う女性たちに私を引き合わせたかったのか、今となってはわからないのだが。

三〇人も入ればいっぱいになる小さなスペースで、ゲスト（女性政治家やロビー活動もするような女性学研究者）の話を聞きながら、お互いに（参加者同士も）フェイス・トゥー・フェイスで女性と政治について日ごろから思っていることを率直に話題にしたり、情報交換をするような場であった。

参加者には地方議員も混じっていたようだが、むろん票に結びつくわけもない。このリレートークは二〇〇八年に店が閉じた後も場所を移して開かれていて、私も一参加者として何回も足を運んできた。そんなご縁で、今回、女性首長経験者お三方のお話を一冊の本としてまとめるに際し、一文を草するように促されたのだと思っている。この度の出版はまことに有意義なことであり、ご同慶の至りである。

女性の参政権が実現して七〇年、この現状をどう考えたらよいのだろうか。さらなる一歩を進めて行きたい。

回

コラム

WINWIN——一人でも多くの女性を政治の場に

WINWIN（ウィンウィン：Women In New World, International Network）は日本女性の政治参画を進めることを趣旨として一九九九年に立ち上げられた全国的な選挙支援のネットワークである。日本の衆議院議員に占める女性の比率は二〇一五年一月現在九・五％で、先進国の中では最低、ＩＰＵ（列国議会同盟）発表による世界の女性国会議員（下院）比率二二・四％に比べてもとても低い。国民の半分以上が女性なのに、大切な物事を決める場に女性の姿がほんの少ししか見えないという状態が望ましくないのは明らかであり、何とかこれを改善したいという女性たちの願いからＷＩＮＷＩＮは出発した。

米国ではエミリーズ・リストという民間・非営利の選挙支援団体が一九八五年に発足、選挙資金を集め、プロチョイス（中絶選択権擁護）派の民主党女性候補者に限定して、資金支援や候補者の育成などの活動を続けてきた。その取組みは女性議員の増加に着実な成果を上げている。

ＷＩＮＷＩＮも当初はエミリーズ・リストにならって、新人候補者への資金援助を中心に超党派の活動を開始した。しかし、日本には政治のために拠金する土壌が育っていないことから、二〇〇六年七月、第二次ＷＩＮＷＩＮとして赤松良子代表を中心に事務局の体制を一新し、資金援助という方法に代えてボランティア中心の候補者支援に移行した。ＩＴを駆使した情報の共有と会員参加型の新しい活動を展開し、国会議員候補者についての的確な情報を国内外の会員に送り、新人・再選を問わず優れた女性を候補者として推薦したり、クオータ制の実現をめざす書籍の発行や勉強会の開催などを行っている。

これまでの女性の知事経験者六人のうち三人はＷＩＮＷＩＮの推薦を受け、衆参両議院選挙や地方選挙でも多くの女性候補者が熱心な支援のもとに当選しており、その数は累計で五八人に上る。

二〇一四年九月には「赤松政経塾」が開塾した。政界への進出や社会のリーダーをめざす女性の人材育成を掲げ、政財界で活躍する女性の先達らがその知恵やノウハウを伝授する学びの場を提供している。第1期の塾生は五〇名を超え、その内二人は二〇一五年四月の統一地方選挙で市議会議員となっている。

ＷＩＮＷＩＮのＨＰには「一人一人の「点」を「線」に代えて、大きな「波」(wave)を一緒に作り上げましょう」とある。真に大きな「波」を作っていくためには、政治を語ることをタブー視せず、市民が当たり前のこととして政治に参加できるような政治文化の成熟が必要である。

(編者)

首長たちの挑戦——女が政治を変える・目次

首長たちの挑戦

《ダイバーシティ・ガバナンス》

多様性のある政策運営をめざした千葉県

「可能な限り話を聞く。話し合う。私は議論の中から本物の民主的な政治が生まれてくると確信しています。」

（二〇一〇年二月二〇日）

堂本暁子

堂本暁子（どうもと・あきこ）元千葉県知事

一九三二年、東京都生まれ。東京女子大学卒、TBSに入社。記者、ディレクターとして、報道ドキュメンタリー「ベビーホテルキャンペーン」で日本新聞協会賞・放送文化基金賞・民間放送連盟賞などを受賞。一九八九年社会党・護憲連合から参議院議員に初当選。一九九五年新党さきがけから参議院議員に。翌年、新党さきがけの実質的代表に。一九九三年からGLOBE（地球環境議員連盟）日本総裁、一九九九～二〇〇一年は第五代世界総裁、二〇〇一年千葉県知事に無党派候補として当選。全国で女性三人めの県知事となる。二〇〇五年に千葉県知事に再任、二〇〇九年引退。著書に『千葉県知事堂本暁子のDV施策最前線』（新水社、二〇〇三年）、『生物多様性――リオからなごや「COP10」、そして…』（ゆいぽおと、KTC中央出版、二〇一〇年）、共著に『堂本暁子と考える医療革命――性差医療が日本を変える』（天野惠子共著、中央法規出版、二〇〇九年）、共編著に『無党派革命――千葉が変われば日本が変わる』（築地書館、二〇〇一年）、『温暖化と生物多様性』（岩槻邦男共編、築地書館、二〇〇八年）などがある。

進行（黒岩秩子）　黒岩と申します。司会をさせていただきます。堂本さん、今朝は東大本郷、午後は千葉大、それから駒場のことと、今日は三つめだそうで、大変なスケジュールの中をおいでいただきました。ご存知の通り、堂本さんは昔、ＴＢＳでベビーホテル問題のキャンペーンをしておられ、それでいろいろな賞をとられました。私はちょうどその頃保母をしておりまして、新潟県南魚沼の勤務先の保育園に取材に来ていただいたのがきっかけで、そのあと堂本さんが参議院議員にならられてからもずっと応援をしていました。一九九五年に、「とにかく女が国会に出てこなきゃ駄目なのよ、共産党でも自民党でもいいからやろうよ」と言われて、新党さきがけから参議院比例区で一緒に立候補し、その後二〇〇一年に堂本さんが千葉県知事に出馬されたので、私は繰り上げ当選という形で後のバトンをうけ、ほんの五カ月ほど参議院におりました。そんなわけで私にとって堂本さんは、政治の世界でのお姉さまです。お話の中でも出てきますが、知事退任後も大変な売れっ子で、お忙しい中をおいでいただき、今日は女性たちみんなを元気にして下さるお話を聞かせてもらおうと、楽しみにしています。

今日、堂本さんは二冊本をお持ちくださいました。一つはＤＶに関する本、もう一つが『堂本暁子と考える医療革命』という本です。この本の冒頭にも出てくるのですが、堂本さんは変形性膝関節症をお持ちで、国会の中でも一時車椅子の生活をされ、その後もそれが別の膝の方で再発して、やはり車椅子を使われたり、ということで、今日も東京駅からタクシーで来ていただきました。それで座ってお話いただきます。

回

今日はお招きいただき、ありがとうございます。最近、「確か、あなたは新潟に妹さんがいらっしゃいますよね」と言われます。「私は一人っ子なのに」と思っていたら、黒岩さんが、今、言われたように「私にとって政治の世界でのお姉さん」とおっしゃっているのが口伝てに広がったようです（笑）。

黒岩さんとお会いしたのは、私がベビーホテルのドキュメンタリーをつくっていた一九八〇年頃です。認可保育園で働いている保育士を取材したいと、保育専門家の桜井慶一先生に相談したところ「それなら新潟だ、黒岩さんだ」と、即座に私を黒岩さんが働いている保育園に連れて行ってくださいました。本当に不思議なご縁です。

当時、保育士だった黒岩秩子さんを職場に訪ねて驚いたのは、ご自身に七人のお子さんがあり、忙しいにもかかわらず、一日も欠かさずガリ版を切って、保育園からの通信を保護者に出しておられたことです。そのエネルギーと仕事の早さ、要領のよさに圧倒されました。

私の政治家人生は一九八九年から参議院議員として二期一二年、二〇〇一年から千葉県知事として二期八年の二〇年間です。今から一年前に政治家を辞め、引退したところです（二〇〇九年当時）。よく結婚するのは易しいが離婚するのは難しいといいますが、政治家も同じです。政治家になるのも決してやさしくはありませんが、辞めるのはずっと難しく、大変でした。まず落選して辞めたくはない。死んだり、病気になったりして辞めたくない。ましてや汚職や賄賂などの責任をとって辞めたくはありません。ではどういう辞め方をしたいのか、私は後継者をつくり、その人を当選させて辞めるのが一番すっきりしていると考えていましたが、事は思うように運びませんでした。なかなか後継者が見つからないのです。土壇場になって、後継者はできましたが、当選させることはできず、辞め方に点数をつけるとすれば、五〇点以下でした。

今は政治の場から身を引いているので、今日は自由に話をさせていただきます。政治はおもしろい、やり甲斐がある、と思っていただけたら幸いです。

1　女性の政治家の活躍で日本が変わる

まだまだ低い女性の社会進出

今日は「女政のえん」ですから、女性と政治をテーマにお話しします。本来、政治家は性別に関わりなく、使命感がある人がなるべきだと考えています。しかし、同時に日本を変えることができるのはジェンダー視点をもった女性政治家だということも事実です。

その理由は、急速にグローバル化、価値の多様化が進んだ現在、ジェンダーはもちろん、多様性の視点からの改革が求められているからで、経済中心の価値観から生活中心の価値観への転換です。それができるのは、生活の場に近い女性政治家、高齢者、障がい者などの多角的なニーズを政策化できる女性政治家だと考えるからです。

にもかかわらず、日本では相変わらず男性主導の政治が続いており、政治分野の女性の参加は六%に過ぎません。世界最悪の状況です。しかも政治だけではありません。経済界、行政などにおける意思決定のプロセスも男性が主流です。そのため毎年、世界経済フォーラムに報告がだされる、社会進出における男女格差を示すジェンダー・ギャップ指数は、一〇一位でした（二〇〇九年。二〇一三年は一三六カ国中一〇五位、二〇一四年は一〇四位である）。

今、男女間の格差が大きい領域が三つあります。一つは公務員、二つめが研究者、三つめが医療で、二〇〇九年に内閣府がこの三つの領域で男女共同参画を促進するよう指示を出しました。早速、旧帝大の学長が集まり、女性研究者の支援を決めました。その頃、私は千葉大学で女性研究者と男女共同参画をテーマに講演することになり、アメリカの状況を調べたところ、ハーバード、プリンストン、イェールなど、有名八大学のうち四大学の学長が女性でした。それだけ女性が研究者として頭角を現していました。アメリカの場合は女性の教授・准教授が三〇％くらいで、東欧の国々になると五〇％ぐらいですが、日本はわずか一三％です。

公務員の管理職の状況はもっとひどく、国家公務員の局長級ポストは七〇ほどありますが、女性は二人しかいません。つまり意思決定の場に女性が非常に少ないというのが日本の現状であり、特徴です。

さて、今朝は性差医学・医療学会に参加してきたのですが、そこでも、医学・医療はすべて男性が主流なので、男性モデルを中心に研究が進んでおり、女性固有の健康や医療に関しての研究はもちろん、情報が非常に少ないことが問題として提起されていました。このように、日本ではあらゆる分野でまだまだ男女間の格差が大きいのです。

▲障がい児が描いた著者お気に入りの絵

そこで今日は、国会議員と知事を経験した私の体験から、女性が政治を行うとどのような変革が可能なのか、どんなことができるのか、これからお話をしようと思います。

ところで、この絵ですが、ピカソが描きそうな個性的な絵を千葉の障がい児が描きました。大好きな絵なので、講演のときのパワーポイントのタイトルに時々使わせてもらっています。

ミクロネシアで思ったこと——戦争と女性たち

知事を辞めて最初の海外旅行はミクロネシアでした。ＴＢＳのディレクターとして三〇年前に取材した南の島々の魅力が忘れられずに訪れたのですが、いってみれば、私のセンチメンタル・ジャーニーです。

帰ってきたばかりなので、本題に入る前に、少し旅のお土産話をさせていただきます。

ハワイから小さな飛行機に乗って幾つもの島に着陸しながら、一〇時間もかけて目的のポナペ島に着きます。ミクロネシアはかつて日本が植民地支配（信託統治領）をしていたので取材に訪れた当時は、歳をとった人たちが綺麗な日本語を話し、敬語も使いこなすのでとても驚きましたが、今ではそうした高齢者に会うことも少なくなりました。

第二次大戦後はアメリカが統治し、すべてが変わります。日本は宗教にはあまりうるさくなかったようですが、アメリカは教会を建て、地元の人たちに「教会に来なさい」と積極的に言ったようです。男も、女も、みんな上半身裸で暮らしていた島人はそのままの姿で教会へ行ったのだそうですが、驚いたのはアメリカ人。来週はこれを着てきなさい、と女の人たちに一枚ずつＴシャツを配った。翌週、どうなったと思いますか。なんと、女性たちはＴシャツのおっぱいのところに大きな穴を開けて教会に着て行ったそうです（笑）。ミクロネシアの生活文化をアメリカ人は認めようとしなかったので、島の生活は大きく変りました。

それでも今回、聞いてみると、三〇年前に取材したヤップ島の離島は、今でも女性も男性も上半身裸を守っているそうで、ヤップ本島に来るときだけTシャツを着ても、島に戻るときは島が見えると女も男もTシャツを脱ぐとのことでした。三〇年たっても変わっていないと聞いて、私はなぜかホッとしました。私たち日本人も、意識しようがしまいが、多くの生活文化を失っています。それでいいのか、もっと自分の文化を守る努力をすべきなのではないか、との思いを強くしました。

ポナペ島ではオーストラリア人夫妻が経営するユニークなホテルに三〇年ぶりに泊まりました。昔ながらに椰子の木で建てた家が森のなかに何軒もあり、それぞれが客室になっていて、食堂は海がよく見える高台にあります。フロントで、七〇歳代になっている女主人に、「仕事を退いたので、最初の旅にあなたのホテルを選んで来たのよ」と言ったら、大そう喜んでくれました。

その晩、彼女は夜中に目を覚まし、私のことを思い出したそうで、翌朝「暁子さん、暁子さん。話したいことがあるの」と言い、「昨日のニュースでアメリカの飛行機にテロリストが乗っていてお客様が取り押さえたという事件がありました。その前の九・一一もテロリストだった……私はあなたに会って思ったのです。あれは日本の〈カミカゼ〉と同じじゃないかって」というのです。私はテロリストとカミカゼ特攻隊の若者とは違う、テロリストは自分の意志で自爆しているが、特攻隊員は国の命令で死んでいったのだからと思いましたが、口には出しませんでした。

ミクロネシアには、まだ日本軍の戦車や飛行機の残骸が残っており、誰も引揚げないので紺碧の海には軍艦が船首を突き出し、沈没した当時の姿のままになっています。三〇年前に比べるとその数はずっと減っていましたが、相変わらず椰子の木の陰にかつて日本兵が使った戦車や兵器を見かけることがあり、心痛みました。

女主人はさらに言葉を継いで言いました。「多分、〈カミカゼ〉で突撃して行った日本の若い兵隊たちの親はすごく辛かったんじゃないかと思う。お母さんたちは、どんな思いだったんでしょうね、今どうしているのかしら」と。私は「特攻隊員以外にも多くの人が戦争で家族を失い、悲惨を味わいました。特に子どもが戦死した母親は辛かったと思う。私は空襲で家も、学校も焼けましたが、家族は失いませんでした」と言うと「やはり、女性が戦争をやめさせるために立ち上がることだと思う。それは私たちも、あなたたちも同じだと思う。そう夜中に思ったの」と朝が来るのを待っていたように話します。「一緒にやりましょう、女性が平和な世界を実現すると私も思っています」と言い、二人は意気投合しました。まさか、ポナペでこのような話をするとは夢にも思っていませんでしたが、国は違っても、同じ時代を生き、戦争を経験した女同士の会話でした。

女主人に最初に会ったときは四〇代でしたが、今はお互いに七〇を越えました。二人の違っているところはと言えば、私は独身、彼女は六人も子どもがいること。一人はオーストラリア人と結婚し、一人はミクロネシアの先住民と結婚し、一人は中国人と結婚したので、多様な国籍の家族で、いろいろな色の顔をしたお孫さんたちがホテルを手伝っていました。

センチメンタル・ジャーニーは、仕事で忙しいときには思いつかない、あるいは忘れていることまで、ゆっくりとした南の島の時間の中で考える機会でした。その一つが戦時中のことです。アメリカでもヨーロッパでも日本でも、戦時中は、男性たちが就いていた仕事を女性がした、たとえば放送局などでもアナウンサーなどだけでなく技術の仕事にも、女性たちが就いていました。男性が戦争に出かけていった後の仕事を女性が担っていたのです。戦争が終わってみると、戦勝国であった欧米と敗戦国になった日本では大きな違いがありました。欧米の女性たちは、男性が戦場から帰ってきても、女性も仕事はできる、女性を家庭に追い返すべきではないとの女性運動が盛りあがり、かつて男性が独占していた職場にも女性が居残った、と聞いています。

日本の場合は、戦前から市川房枝さんや神近市子さんが命がけで参政権を求めて女性の運動を進めてこられましたが、戦争に負け、アメリカが進駐してきたことで、皮肉なことですが、私たちは棚からぼた餅のようにして女性の参政権を得ました。しかし、原爆を落とされた日本では女性たちによる平和運動が盛んになりました。労働運動もありましたが、半世紀以上の歳月がたってみると、欧米ほど戦時中に女性が進出した職場を堅持してきてはいません。

冒頭に申し上げたように、それどころか管理職、経営者、政治の場での男女格差は非常に大きいのです。国家公務員も地方公務員も、女性の部長や局長が何人いますか。欧米と比較にならないほどの差があります。テレビ業界は女性向きと言われていますが、アメリカには社長がいても、日本では経営者にほとんど女性がいません。

お医者さんの世界で女性の医師会長はいますか。医学部の女性教授は何人いますか。

千葉県で、女性専用外来を始めたところ、二年で全国に広がりました。病気の原因がわからず、病院をたらい回しにされていた患者さんが、女性専用外来で更年期障害と診断され、回復するなど、女性医師が性差医療の視点から診察・治療することで、治る患者さんが少なくありませんでした。女性モデルの医療が遅れていると言えます。

ところで、同じように男性外来も始めたのですが、男性外来の患者の多くはほとんどが鬱で、自殺願望の人たちでした。確かに四〇代五〇代の男性に自殺者が多く、世界でも日本の男性はトップクラスの自殺率です。

その原因はといえば、男性は仕事人間、女性は家事育児と性別役割分担が進み、社会の歪みになっていることがあります。その結果、女性も男性もともにワーク・ライフ・バランスが悪くなっていると言えます。社会の中での女性と男性の格差が是正されたら、家庭の中での女性と男性のワーク・ライフ・バランスもよくなり、男性が自殺するほどの鬱にならなくてすむのではないでしょうか。

そういう中で、政治の世界を見ていると、やはり女性は少ないのです。男女の格差も課題ですが、その原因を考えると、いまだに女性が立候補しにくい選挙制度にある、つまり、選挙に対しての意識が成熟していないと言えるのではないでしょうか。

残念ながら、私たちは戦後、経済中心に成長し、長い間男性も女性も政治をないがしろにしてきたのではないか。経済復興、所得倍増、高度経済成長ということで、日本はジャパン・アズ・ナンバーワンと言われるような時代も経験しました。しかし、経済ではなく政治がもっと成熟していたら、女性がもっと政治家として進出していただろうと思います。

2　政治家への歩み

高度経済成長とベビーホテル・キャンペーン

私自身は運動家のようなことは、学生時代まったくしてきませんでした。学生時代は、もっぱら山登りをしていました。当時、昭和二〇年代後半の日本は戦争に負けてまだ打ちひしがれ、人々は何かに希望を求めていました。その夢の一つが南極の昭和基地での越冬であり、もう一つはヒマラヤの未踏峰マナスルへの登頂でした。そんな時期だったので、私も山登りに熱中し、極地に憧れていました。

▲TBSプロデューサー時代の著者

大学卒業後は、テレビジャーナリストの道に進みました。テレビの創成期でお給料も出ないかもしれない、と言われました。しかし、やってみると映像の仕事は面白く、特にニュースやドキュメンタリーなど報道関係の仕事に興味を持ちました。

私の人生を大きく変えたのが、八〇年代に乱立したベビーホテルの取材です。きっかけは一九八〇年三月のある日、若い主婦からの「ペットホテルみたいに、最近、子どもを預かるベビーホテルがはやっていますが、取材してください」という一通のハガキでした。当時私は、午後六時からのローカルニュース番組「テレポートＴＢＳ６」を担当していたので、早速、渋谷のマンションの一室にあるベビーホテルに出向きました。部屋は清潔で、遊具なども整っているのですが、子どもの遊ぶ姿がなく、子どもたちの笑い声も聞こえません。それどころか子どもたちは何かに怯えているような様子で、私たちから姿を隠そうとさえするのです。

ベッドで力なく泣き続けている赤ちゃんがいました。「この赤ちゃんは」と年の頃六〇歳ぐらいの女性経営者に聞くと「生まれて間もなく病院から直接ここに連れてこられたんです」との答え。「お家へ連れて帰らないのですか」と思わず私はたたみかけて聞きました。すると経営者は平然と

「学校へ入学する年になれば連れて帰るんじゃないですか」と言います。身の毛がよだつ思いでした。

異様な雰囲気にカメラマンと私は疑問を抱きました。ベビーホテルを出て車に乗ったとたんに「これは何かおかしい」とスタッフ全員が言いました。「これは社会問題なんじゃないか、本質を探りたい、今日は放送するのは止めた方がいい」と話し合い、報道局のデスクに「ベビーホテルは根の深い社会問題の可能性がある、一カ月ほど調査をやらせて欲しい」と頼み込み、本格的な取材を始めました。

翌日から、私たちはくる日もくる日も、足を棒にしてベビーホテルを探して都内を歩き回りました。すると「ベビーハウス」「赤ちゃんのお家」「コスモス保育園」「アップルナースリー」と名前は千差万別ですが、要は無認可の子ども預かり業が赤羽、渋谷、目黒、浅草といたるところに見つかりました。

そこで次から次へとベビーホテルを訪ね、取材しました。ある日、訪れた「コスモス保育園」は泊まり保育、長期滞在の子どもの多いベビーホテルで、六畳間に三〇人くらい子どもたちが所狭しと暴れ回ったり、壁に寄りかかっていたりしていましたが、保

▲ベビーホテルの様子

育士は一人だけ。食事時になるとその保育士は次々とゼロ歳児に同じスプーンでおかゆや味噌汁を食べさせるのです。もし病気の子どもがいたら、たちまち感染してしまうのではないかと心配でした。五歳ぐらいの男の子に「いつお家へ帰れるの」とたずねたところ、その子はしばらく考えていましたが、両手で大きな円を描きながら「たーくさんねんねしたら……」と答えました。悪いことを聞いてしまった、と私は後悔しました。お母さんがいつ迎えに来てくれるのかわからないのです。

予想通り、ベビーホテルには乳幼児はもちろんのこと、幼い子どもたちの衛生面、安全性、さらに発達に決してよくない状況がありました。危機感を抱き、厚生省（当時）の母子保健課にベビーホテルの深刻な事態を伝え、行政として至急に手を打ってほしい、調査をしてほしいと、訴えました。ところが担当課長は「子どもを預けてテニスをしたり、海外旅行に行ったりするような親に公金は使えません」とけんもほろろで、真剣に取り合ってくれません。行政が対応しないのであれば、私たちは番組を通して実態を世に訴え続ける以外にないと思い、取材を続けました。

日本は高度経済成長から安定成長に入ったとき、七〇年代の後半から八〇年代初頭にかけて、高等教育を受けた女性が、従来男性が主流だった職場へも進出し、一方でこの頃から貧困な女性は夜の仕事に就かざるをえない環境があり、労働形態が多様化しました。早朝、あるいは深夜の勤務、さらに泊まり勤務も増えました。デパートの店員は午後七時半まで働くし、看護師は泊まり勤務がありますす。このように女性の労働時間が多様化したにもかかわらず、保育制度がこれに対応しませんでした。認可保育園の保育時間は相変わらず朝八時から午後五時まで、そのため、早朝や深夜に働くお母さんたちが仕事を続けるには、二重保育をせざるをえませんでした。また母子家庭や夜しか働く場のないお母さんたちは、夜間保育をしているベビーホテルのような無認可の子ども預かり業以外に子どもを預けるところがなかったのです

そのためベビーホテルが北海道から沖縄まで、全国に広がりました。キャバレーの経営者がウィスキーよりもミルクの方が安い、ホステスの給料よりも保育士の給料の方が安い、ということでベビーホテルを商売として始めたり、ホステスさんが自分の子どもを預けるより、人の子どもを預かった方が高収入だということに気がついて転業したり、子ども好きなダンプカーの運転手が車を降りて子ども園を始めたりと、いろいろな人が経営者として参入し、働き手も保育士の資格を問うことなく、いろいろな人がそこで働くようになりました。

そうした状況でゼロ歳の赤ちゃんを預かるのですから、きちんとした保育ができるはずがありません。北海道から沖縄まで、日本全国で次から次へと赤ちゃんの死亡事故が起きました。自動車の中に乳児を置き忘れたケース、哺乳瓶を赤ちゃんの口に立てかけてミルクを飲ませて窒息死させたケースなど、原因は千差万別でした。こうした実態を週に一回、「テレポートＴＢＳ６」で放送し続けると、「とんでもない事態、このような状況を許しておいてはならない」、とまず声を上げたのが認可保育園で働く現場の保育士さんたちでした。三月にキャンペーンを始めてから半年ぐらいで

放送の反響が出始め、新聞も書くようになり、マスコミの相乗作用もあって、一気に社会問題としてクローズアップされ、国会でも取り上げるようになりました。

政治の世界に飛び込む

そこで、私は参議院議員の市川房枝さんにベビーホテルの映像をお見せして、法改正に向けての善後策をご相談しました。映像を見て市川房枝さんはとても驚かれ、二つの助言を下さいました。一つは客観的データの必要性です。「国会を動かそうと思ったら、数字が大事、調査をなさい」と言われました。第二にこれは政治家の責任。政治家に現場を見せなさい。「だから私をベビーホテルに連れて行ってちょうだい」と。高齢の市川房枝議員の鋭さに驚きました。

早速、調査を実施しました。まず社会事業大学の学生に、お母さんや保育士に変装してもらい、ベビーホテルの中で聞き取り調査をしてもらいましたが、誤差をださないために五〇〇票を集めるのは大変な力仕事でした。しかし、その結果は厚生省が言っていたようにテニスや遊ぶために子どもを預けている母親はほとんどいなくて、九七％のお母さんは仕事のためにベビーホテルを利用していました。

市川先生が言われた通りにデータが国会を動かし、連日のように予算委員会で各党から質問が相次ぎ、ついに厚生省も重い腰を上げ、キャンペーンを始めて一年三カ月後の一九八一年六月の通常国会で児童福祉法の改正が実現し、ベビーホテルなど無認可の施設に対する行政の立ち入り調査権が認められました。

力仕事でした。無我夢中で国会の中を駆けまわり、議員に説明し、協力を求めましたが、そのプロセスで、政治家は「この記者は政治家に向いている」と思ったらしく、自民党と当時の民社党と社会党から、立候補を薦められました。私としては青天の霹靂です。私は「生涯ジャーナリストでいたい、しかも、これから仕事ができるというときに、辞められません」とお断りしました。それ以後も参議院選挙の季節になると、三年毎に声がかかりましたが、お断りし続けました。

九年後の一九八九年にお誘いくださったのが日本で最初の女性党首、土井たか子さんでした。それでも六カ月間はお断りしていたのですが、土井さんはなかなか諦めません。ちょうど天安門で学生のデモがあり、私は急遽、香港に取材に行くことになりました。「これから香港に取材に行くので参議院選挙に私が出ることはあきらめてください」と土井事務所にファクスを入れて出かけました。

香港では、一〇〇万人を超える人が「本当の自由を！」と書いたゼッケンを胸に、路地という路地を埋めていました。老いも若きも、女も男も、道に人が溢れんばかりのデモでした。感動したのは、草の根の人たちが自分の意思を命がけで表現するすごさです。六月一一日（日）の「報道特集」では天安門事件を取り上げたのですが、放送が終わってスタジオから部屋に戻ってきたところに土井さんからの電話です。「まだ待っているのよ」とおっしゃるんですね。参院選は七月、会社を辞めるには二カ月前に辞表を出す必要がありますが、その時間もない。しかし、「まだ待っているのよ」の一言に息を呑みました。そして「考えてみます」と答え、二週間で会社を辞め、出馬しました。瞬間的な決心でした。

あの時は土井さんの「山が動く」*という追い風の選挙でしたので、開票を始めて一時間ぐらいで当選が決まりました。

しかし、私が強い問題意識を持って国政に参加したいと思っていたかというと、必ずしもそうではなかったような気がします。最初に申し上げたように、学生運動をしてもいなかったし、会社に入ってからも組合運動をしていたわけでもない。ジャーナリストとして、政治家は批判の対象だった。突然の決心だったこともあって国会議員になったことに、一抹の不安というか、ある種の後ろめたさのようなものを感じていました。そんなある日、国連の人権委員会の委員長だったマクダーモット氏の訪問を受け、私はそうしたモヤモヤした感覚を完全に払拭しました。

二つの人生を生きる

私がジャーナリスト時代に、精神病院内で患者が死亡した宇都宮病院事件**が起き、それをきっかけに精神医療問題をフォローしていますが、この事件は人権侵害事件として国連の人権委員会でも取り上げられたので、ジュネーブまで取材に行きました。この時、人権委員会の委員長だったのがイギリス人のマクダーモット氏で、事件の実態を調べるために何度も来日され親しくお話するようになりました。

私の当選を知って、古い参議院議員会館の部屋へ「アキコ、おめでとう」と言って訪ねてくださったマクダーモット氏は「議員になるまで私は自分のための人生を生きていた。しかし、四十歳のときに選挙に出て政治家になって以来、自分の人生ではなく、イギリス国民のための人生を生きた。二つの人生を生きることができたのは素晴らしいこと。しかし、人はそうした人生を望んでも、そ

＊「山が動く」　一九八六年、衆参同日選挙での社会党の大敗を受けて石橋政嗣委員長が辞任し、九月、土井たか子氏が委員長に就任。土井氏は消費税導入およびリクルート事件を追及し、竹下内閣を退陣に追い込んだ。一九八九年の参院選では、社会党が改選議席の倍以上を獲得、改選分では社会党が第一党、総議席では自民党の過半数割れで比較第一党という結果となった。この時の土井たか子氏の言葉「山が動いた」が有名になった。

＊＊「宇都宮病院事件」　一九八四年、朝日新聞によって宇都宮病院事件が明るみに出た。二人の患者が死亡し、その実行犯は看護助手らで、鉄パイプなどでなぶり殺した。実行犯は刑罰を受けたが、理事長の石川文之進は軽微な罰を受けたのみで、九二〇床の病院は五〇〇床に減って存続した。患者たちに看護師、レントゲン技師などの業務をさせて人件費を節約、暴力をもって支配する構造をつくりあげ、外部との接触を断った。当時は社会的に精神病者を隔離することが必要と思われていたことから、このような精神病院は日本中に蔓延していた。この事件をきっかけにＷＨＯから勧告が出され、精神保健法の改正が一九八七年になされた。

れを選ぶことはできない。そうした人生は天命なのです。しかも政治家の人生は、有意義なだけではなく、生き甲斐のある人生です。あなたもそういう人生を歩み始めたのです。本当におめでとう」とおっしゃったのです。

それを言われたとき、今でも覚えていますが、おおきな衝撃を受けました。それまでテレビ局で政治を揶揄するような番組も作ったし、私はなんて不遜なことを考えていたんだろうと、そしてなんで日本人は、政治を大事にしないでここまで来てしまったんだろうと。さらにマクダーモット氏は「二つの人生を生きられる幸せというものをあなたは大事にしなければいけない」と言われました。泣きはしませんでしたが、泣きたくなりました。以来二度と政治を軽んじてはならないと固く心に決め、その後は、前向きな姿勢に徹して楽しく国会議員として活動することができました。

次に千葉県知事になるときは、今度は、堂本暁子の人生ではなく、千葉県民のための人生を送ろうと決心して千葉県の知事をつとめました。この二〇年間の政治家人生はそのイギリスの政治家マクダーモット氏の一言でまったく変わったと思います。充実した二〇年間でした。

政策決定と女性

一九八九年に立候補した時は突然の出馬だったので、社会党員にはならず無所属で「社会党・護憲連合」の会派に所属させていただきました。はじめの六年近くは野党の立場でした。ところが一期めの最後に政変が起き、一九九三年に細川護煕内閣が誕生しました。二期めは、社会民主党（一九九六年改称。以下、「社民党」と記す）からの立候補が難しい事情もあったのですが、鳩山由紀夫さんから「新党さきがけに来ない？」との誘いを受け、今回は「そう、じゃあ行くわ」とあっさり入党を決めてしまいました。そこで一九九五年七月の参議院選挙は、新党さきがけから立候補し、当選。「自・社・さ」という三党の連立政権の中で今度は与党になったわけです。

ところが一九九六年一〇月の衆議院選挙で三〇人以上いた新党さきがけの衆議院議員が三人に減ってしまい、参議院議員二人と合わせて五人の党になってしまいました。しかも自民、社民、そして新党さきがけ三党の連立は続き、第二次橋本内閣が発足しました。私は党の議員団座長に就任し、連立三党の党首の一人になりました。現在の連立政権とは違って、以前は対立していた自民党と社民党の連立だったので、新党さきがけは調整役、しかも自民党が四百人、社民党が四十人、新党さきがけは五人だったので、新党さきがけの議員は一人で何役も務めなければなりませんでした。

橋本龍太郎総理が自民党総裁、土井たか子さんが社民党の党首、そして私が議員団座長だった新党さきがけ、そして加藤紘一さんが自民党の政調会長、山崎拓さんが総務会長だった時期です。

実はこの衆議院選挙の一年前の一九九五年九月に、北京で第四回世界女性会議（以下、「北京会議」と記す）が開かれ、三党連立政権は、ちょうどこの会議で採択した北京宣言と北京行動綱領を国内法に反映しなければならない時期に当っていました。

個別の政策を三党ですり合わせ、合意するため、一五人からなる政策調整会議が設けられ、三党で徹底的に話し合うのですが、北京行動綱領の協議になると、私以外の男性議員は「なんだこの北京行動綱領は、わけわからないよ、北京のことなんかいらない、ボツにしよう」とあっさり言うのです。もう本当に驚きました。私は「待って、私たち女性にとってとても大事な政策なの」と大声でストップを掛けました。北京で開かれた国連の会議について、男性の政治家は知らない、関心がないのですね。北京会議の重要性を強調すると「じゃあ、もっと解りやすく書き直してくれないか」と言うのです。ならばと書き直しを引き受けました。そういうときは党も関係なし、自民党とも、社民党とも、それから内閣府の男女共同参画室とも連絡を取って、どう書き直すかを相談し、わかりやすく修正した政策案を政策調整会議にもっていき、三党で合意されました。

その結果、総理大臣直属の男女共同参画審議会が設置され、一九九九年には男女共同参画社会基本法が成立しました。法律とそれを実施するシステムとしての男女共同参画審議会、決定事項を執行する男女共同参画局はとても大事で、外国からもうらやまれるナショナルマシーナリーです。このシステムは法律事項にしておかないと危ない、またいつ改悪されるかわからない、わずか二行の法律なんですけれども、さきがけから提案させてもらいました。うしろで、山崎拓さん、加藤紘一さんが苦虫を噛み潰したような顔をしていたのを覚えていますが(笑)、実際には党首三人だけの話し合いになるので、土井たか子さんも賛成して下さり、総理に「堂本さんの言うようにやって

▲合意文書に署名捺印後握手する前列右から著者、橋本総理、土井社民党党首

ね」と、あのドスの利いた声で脅すものですから（笑）、たった二行の法律ですが成立しました。この法律は、内閣府の設置法に男女共同参画審議会について書き加えたもので、新しい法律を作ったわけではありません。今日持ってくればよかったですね。

男女共同参画社会基本法の成立で全国各地の自治体に男女共同参画課ができ、女性センターが作られ、じわじわと女性の活動が広がっていきました。男女共同参画審議会も二〇〇一年一月六日、省庁再編に伴って男女共同参画会議*と名前を変えて今も続いています。

国を超えた議員活動と環境問題

私は生涯国連の円形の本会議場に立つチャンスなどないと思っていましたが、人生は奇なもの、

＊「男女共同参画会議」　内閣官房長官を議長とし、各省大臣等一二名と学識経験者一二名の総計二五名で構成される。内閣府男女共同参画局の管轄。

不思議なもの。図らずもその機会が訪れました。橋本龍太郎さんがこの本会議場の演説台に立って日本の総理大臣として演説をされた時は傍聴席にいました。私は米国のアル・ゴア上院議員（後の副大統領）たちと地球環境問題に取り組み、リオサミットに向かって活動しましたが、それがきっかけとなって私はＩＵＣＮ（国際自然保護連合）のアジア地域理事、さらに副会長に就任しました。会長はエクアドル出身の女性、ヨランダ・カカヴァツエさんでした。そのヨランダ会長が突然、エクアドルの環境大臣に就任し、予定していた国連での演説ができなくなったのです。ニューヨークにいた私に「代わりにＩＵＣＮを代表して演説をしてちょうだい」との電話があり、演説をすることになりました。演説台に立ってはじめて、話す人の背丈に合わせて演台が上がったり下がったりすることを知りました。貴重な経験でした。

▲IUCNの副会長として国連の本会議場で演説する著者

国際的な舞台で外国の政治家と仕事をする機会をえて、多くを学びました。もっぱら議論していたのは、地球温暖化の問題です。つくづく感じたのは、もう国家が何か決めても事態は解決しない、この地球に住む六七億の人口、そのすべての人が意識を変え、ライフスタイルを変えないと解決は望めない、環境の視点から市民活動が台頭すべきなんだ、そしてグローバライゼーションと同時にローカライゼーションが必要なんだと認識しました。中央で政策を決めただけでは駄目です。それぞれの地方が責任を果たさなければなりません。だから国から地方へ、官から民へ、そして市民主役の社会を構築しなければならないとの考え方や価値観が世界の各地で広がっていることを知りました。

一九九二年にリオの地球サミットが終わった後で、アメリカではクリントン大統領が当選し、アル・ゴアが副大統領に就任しました。残念なのは、日本ではそうした価値の転換に基づいた政変が起きなかったことです。

一九九四年、カイロで行われた国際人口開発会議はその意味で画期的でした。「統計から個人へ」の転換を軸に、国や地方自治体といった集団ではなく、この地球上に住む一人ひとりの健康問題に照準が合わされ、特に女性の自立と健康、中でもリプロダクティブ・ヘルス／ライツ*の概念が提案され、合意されたのは画期的なことでした。日本の女性国会議員としても女性固有の健康問題につ

＊「リプロダクティブ・ヘルス／ライツ」「性と生殖に関する健康と権利」と訳される。単に疾病、障がいがないというばかりでなく、身体的、精神的、社会的に完全に良好な状態において、人々が安全で満ち足りた性生活を営むことができ、子どもを持つか持たないか、いつ持つか、何人持つかを決める自由を持つことなどを意味する。一九九四年、カイロ国際人口開発会議で採択された。

いて研究し、そのための政策を実現しなければならないと決心するなど、多くを学んだ会議でした。

3　地方から変える——千葉県知事へ

分権型社会をめざして

次に再度、大きな転換を経験したのは、千葉県の知事選です。県民参加による分権型社会の構築をめざして、突然の立候補でした。泡沫候補と言われながらも、県民の支持をえて、二〇〇一年千葉県初の女性知事に就任しました。

最初の県議会で、公約通り徹底した情報公開と県民参加型の県政運営を宣言しました。中央で決める政策を市町村に取り次ぐだけの県庁ではなく、県民のニーズに応える、県民主体の県政運営に努めたい。そこで全部の市町村を回って県民の意見を聞くことにしました。「菜の花県民会議」と命名し、いざ、スタートしてみると、参加者の多くは、「知事さん、どこどこに道路を作って下さい」「何の補助金がほしい」と陳情ばかり。「地方分権の時代です。皆さんの住む街をどのような地域にしていきたいのですか」と私は根気よく聞き返します。最初はなかなかこちらの意図がとどきませんでしたが、大きい市、小さい町、いく先々で壇上には上がらず、マイクを自分で持って参加者との対話を重ねるうちに、次第に建設的な意見が出るようになりました。

可能な限り話を聞く。話し合う。私は議論の中から本物の民主的な政治が生まれてくると確信しています。外国の議員と環境問題の仕事をしたときに彼らは喧嘩ごしの議論をするので、とても一緒に晩御飯は食べられないだろうと思っていると、お互いにニコニコしてワインで乾杯し、楽しく食事をする。それに比べ、日本人は自己主張が少なすぎる、特に政治の場での議論が少なく、しかも下手だとつくづく思いました。

「NPO立県千葉」も目標の一つでした。「保守金権千葉」とまで言われた千葉ではNPOが少なく、当時は一一七しかありませんでした。市民の力を結集していくには、一人ではできないので、市民運動を活性化し、NPOを作っていくことが大事だと思っていました。国会議員時代にちょうどNPO法を三年がかりで作った矢先でした。大いにNPO法を活用したいと考えていました。

私が幸せだったのは、国会議員として作った法律を今度は知事として実施できたことです。NPO法もDV防止法もそうです。

まずNPOの活動を推進するための懇談会を作り、NPOの仕事をしたい人たちを「この指とまれ」方式で募集し、県庁の人たちにも参加してもらい、県庁の二階にNPO部屋をつくり、積極的にNPO活動を推進しました。その一つがNPOに関するタウンミーティングです。コーディネーターをしてくれたのが「シーズ・市民活動を支える制度をつくる会」の理事長、松原明さんです。松原明さんは国会議員時代にNPO法を一緒につくった仲間で、NPO法を千葉で実践するのに力を発揮してくれました。県庁では、会議の際にはまず資料を配布し、参加者はそれにそって議論を進めるのが通常のやり方ですが、松原明さんはそれを根本から覆しました。「白紙の段階から皆さんの意見が聞きたい、市民活動への希望を知りたい、机の上の資料は全部裏返してください」と指示しました。というわけで、白紙の状態からNPOに関するタウンミーティングは始まりました。以来、私が知事在任中の八年間は「白紙の段階から考える」というのが、千葉県の決まり文句になりました。

就任時には一一七しかなかったNPOの数はどんどん増えて今では約二〇〇〇になり、全国のトップクラスです。量だけでなく質的にも、県庁が主導するのではなく、NPOが自ら事業を実践する制度になっています。もちろん県との共同事業もあります。森林を活用した健康増進とか、少年の立ち直りの支援対策とか、精神障がい者の居住サポートなどです。この「白紙の段階から考える」は千葉方式と言われ、他の分野にも飛び火し、政策形成の方法として定着し、発展しました。

健康福祉千葉方式

この方式が取り入れられ、見事に花開いたのが「健康福祉千葉方式」です。私が立候補したとき、厚生省（当時）の幹部は「千葉県は福祉については他県に比べて二〇年は遅れている、大変ですよ」言われました。トップダウンではなく、ボトムアップ、障がい者や高齢者など当事者が、真っ白なところから、意見を述べ、政策をつくり上げていく方式です。官主導から民主導へ、役所主導から当事者のニーズ重視へ、とすべて逆転の発想です。そしてもう一つ、基本的な姿勢として、「五つの疑問」が県の職員から提言されました。

1 真のノーマライゼーション＊の要請に応えられているか
2 個人のニーズを軽視した既製服型の健康福祉になっていないか
3 すべての人が「自分らしい」毎日の生活を過ごすことができているか
4 理不尽な理由で辛《つら》く悲しい思いをしている人はいないか
5 セクショナリズム（縦割り）及びパターナリズム（家父長的）での施策になっていないか

この五つの問いを確認しながら政策づくりを進めました。ところが、あっという間に疑問４の「理不尽な理由で辛く悲しい思いをしている人はいないか」が、誰からも好まれ、クローズアップされます。特に障がいを持った人、あるいはそのご家族の方が好み、気がついたら「理不尽な理由

＊「ノーマライゼーション」 一九六〇年代にデンマークのニルス・エリク・バンク＝ミケルセンにより初めて提唱され、スウェーデンのベングト・ニリエにより世界中に広められた概念で、障がい者も地域で普通に暮らせる社会がノーマルであるという考えである。

で辛く悲しい思いをしている人はいないか」だけが使われ、語られるようになり、千葉県福祉のキーワードになりました。県民が自然にこれを選んだのです。とても不思議な経験でした。

「理不尽な理由で辛く悲しい思いをしている人」がいたら、そういう人をみんなの真ん中において、精神的にも、制度的にも支え、誰もがありのままに、その人らしく地域で暮らせるようにしよう、というのが県民の目標になりました。

これを「健康福祉千葉方式」と言い、あらゆる福祉政策や計画づくりの際に「真っ白なキャンバスに県民が、当事者が政策をつくるのだ」という考え方が次第に浸透していきました。政策作りだけではありません。予算についても集会を開いて公表し、「今年度の予算案に修正の要求はありますか」と県の担当課は県民に確認したのです。面白かったのは、集会の日に、知的障がいのある一八、九歳の青年が「知事さん、知事さんはお客さんなんだよ。僕たちが政策を決めて予算も口出しできるようなったんだよ。だから知事さんはお客さんなんだよ」とニコニコしながら私に言うのです。もちろん私は大きくうなずきました。知的障がいの青年が主体的に参加している、すごいことだと、私は感動しました。

地域の「福祉支援計画」これは法定事項ですが、作成にあたっては、タウンミーティングを何回も開き、障がい者や家族、関係者などの意見を聞きました。最初のタウンミーティングは旭中央病院の講堂でしたが、三〇〇人定員のところに障がい者、高齢者、入院中の患者さんまで六〇〇人も集まり、大入り満員でした。次々と手が上がり、活発に質問や意見が出ました。

次世代育成計画づくりにも、子どもたちも参加してタウンミーティングが開かれました。子どもたちは、「お砂場や同じ大きさの遊び道具のある都市公園はいやです」と言い、「僕たちは蛙がいるような、山の中の公園を自分たちで作りたいのです」と言う。子どもたちは既に自分たちの小さな公園を裏山に作り始めており、高校生、大学生のお兄さんたちがその様子を撮影しています。その映像をタウンミーティングで上映し、県で同じように子どもが作る公園プロジェクトを実現してほしいというのです。

▲こんな公園が作りたいと作業する子どもたち

県庁に帰って土木整備部長に相談したところ「やれないわけではない、やりましょう」との返事。そこで、都市公園の予算一億円は出せないまでも、市町村が協力し、お父さんやお母さんが一緒の「公園づくり事業」が実現しました。確か一カ所、二千万とか三千万くらいの予算だったと思います。最初は二カ所でしたが、三つ、四つ、五つと増えて、今ではもう十幾つもの市町村でつくっています。このプロジェクトのメリットは土曜、日曜になるとお父さんが出てきてくれて、子どもたちと一緒になって公園の手入れをしたり、遊んだりしてくれるようになり、四街道市などでは子どもたちとお父さんたちの交流が深まりました。

ブレーメン・プロジェクト

グリム童話の「ブレーメンの音楽隊」のお話です。昔、年老いて荷物が運べなくなったロバと、猟犬として役に立たなくなった犬と、主人に捨てられた猫と、翌日に、煮込むために絞められることになったオンドリが出会い、お互いの辛く、悲しい運命を知り、ならばブレーメンへ行って音楽隊に入ろうと、旅に出ます。ある日の夜、泊まっていた小屋に盗賊が入ってきますが、ロバは蹴り、犬は噛みつき、猫は引っ掻き、オンドリはけたたましく鳴き立てたので、盗賊は一匹の化け物だと勘違いをし、逃げていった。お互いに力を出し合い、盗賊を追い払った動物たちはいつまでも仲良く、平和に暮らしたというお話です。辛い境遇にあっても、縦割りをやめ、子どもも、高齢者も、障がい者も、お互いの違いを認め合い、もてる力を出し合って、地域で自分らしく暮らせるような仕組みをつくろうというのがブレーメン・プロジェクトです。例えばお年寄りと子ども、障がい者が一緒にデイサービスやショートステイが受けられるようにするケースなどです。

習志野市では、県営住宅の一画に、民間の力で地元の人が望む施設を建てようと「ブレーメン・プロジェクト」を立ち上げました。県や市も参加して、二年間にわたって地元の人たちが話し合いました。ショートステイ、マッサージ、お店、市の出先事務所も入りました。また、女性はエステが欲しいと言うのでエステも入っています。自分たちのニーズに応えた施設づくりが完成した時、住民の一人は「最初に話を聞いた時は、そんな夢の様なプロジェクトが実現するはずがない、と思った。しかし、実現した。感謝です」と挨拶しました。ブレーメン型の地域社会づくりが緒についたと言えます。

障がいのある人もない人も共に暮らしやすい千葉県づくり条例

中核地域生活支援センター、次世代育成、高齢者の保健福祉、障がいのある人もない人もともに暮らしやすい千葉県づくり条例について、最後にお話して終わろうと思います。

中核地域生活支援センターは、千葉県独自の福祉サービスで、障がい者や高齢者からの相談を二四時間、三六五日、受けつける仕組みです。千葉県には一四の医療圏域があり、それぞれに中核地域生活支援センターが設置されました。運営主体は、民間の医療法人やＮＰＯ、福祉施設で、コーディネーターが携帯電話を持っていて、相談の電話に対応します。特に精神障がい者や自閉症の人は夜中の相談が多いそうです。相談を受け、ケースによっては児童相談所につなぎ、ケースによっては病院へいくことを指示したりします。相談できただけで満足するケースもあり、中核地域生活支援センターの包括的で、多様な対応は住民に歓迎されています。これを行政だけで対応しようとしたら、いくら予算があっても足りないし、公務員は二四時間対応をすることはできません。その意味で中核地域生活支援センターは時代の要求に対応し、有効に機能していると言えます。

健康福祉千葉方式が定着する中で、障がい者に対しての差別をなくす条例がほしいという声が当事者の間から出てきました。そこで条例づくりをめざして研究会を立ち上げました。国際的にも通用する条例案をつくり、二〇〇六年の二月議会に提出しました。

ところが二月の県議会に条例案を提出したところ、採決してもらえず、継続審議に。次の六月議会に出そうとしたら、「出したら今度は否決するぞ」と言われ、大きな壁にぶつかります。否決されても出すべきか、勇気をもって引くべきか、迷いました。しかし、県民が望み、障がい者や家族とみんなで作り上げてきたものを知事の一存でやめてしまうわけにはいかない。そこで、急遽、研究会を召集し、意見を聞きました。みんな非常に暗い気持ちになって、なぜ理解してもらえないのか、日本で初めて差別を禁止する条例を作ろう、というのに、どうしてそれが理解されないのだろうか、しかし、学校で、教育委員会で、企業で、地域で、これほど障がい者に対する差別について議論されたことがあるか、今までにないこと、この議論の炎を消さないでほしい、というのが研究会の結論でした。

皆さんは障がい者は弱いとお思いになるかもしれませんが、実は人間というのはこういう時に本当の強さがでます。結局、私は条例案を取り下げる決心をしました。その代わり、保守与党に直接に障がい者と話し合うことを求めました。そして「九月議会にまた出させてもらいますよ」と約束しました。

その夏が大変でした。当事者やその家族の人たちが五人、一〇人と集まって、条例再提出の準備をし、九月の議会に、条例案を再度上程しました。私が本当に感動したことは、千葉県議会の傍聴席は一七〇席ありますが、朝一〇時から午後三時まで、毎日、手話通訳を連れて、あるいは白い杖をついて、あるいは車椅子に乗って、あるいは家族が付き添ってベッドに乗ったままの障がい者までが、二階の傍聴席を埋めたのです。障がい者たちは県議会にこうして圧力をかけ続けた、と言うより、自分たちの意思を議会の場で示し続けたと言った方がいいかもしれません。

▲県議会傍聴席を埋め続けた市民たち

そして、この障がい者に対する差別をなくすための「障害のある人もない人も共に暮らしやすい千葉県づくり条例」は、二〇〇六年一〇月一一日、ついに満場一致で可決、成立しました。傍聴席の障がい者、老いも若きも、男も女もみんな泣いていました。本当に心から泣けたのだと思います。私は知事席で喜びを共有しました。感動の瞬間でした。
日本の女性知事は今（二〇一〇年）三人しかいません。四七都道府県中、滋賀県、山形県、北海道の三道県です。女性が意志決定の場に参画することは、先ほどの自社さ連立政権の意思決定のケースとしてお話しましたが、女性政治家として私は、身に沁みて女性の参画の重要性と意義を感じました。それから、一七〇の傍聴席を埋めるために本当に力を尽くしたのは、重症の心身障がい児を持っているお母さんたちでした。電話をかけてかけて、かけてかけまくって、「今日はまだ三人足りないのよ」というような形で一七〇ある傍聴席を一〇時から一五時まで、埋め尽くしたわけです。女性の底力を見た気がします。

新たな公共をめざして

千葉は生態系の豊かな里山の多い県です。これからは地球規模で生態系を守らなければ、いずれ私たち人間を含む生物が絶滅の危機を迎えかねない状況にあります。そういう意味でも、市民が立ち上がって、環境の保全活動を展開しなければなりません。専門家と市民が連携してタウンミーティングを重ねて戦略を練り、日本で初めて「生物多様性ちば戦略」を制定しました。

これは東大の生物学の大沢文夫先生から専門家としていただいている答申ですが、子どもも一緒になって市民が作った戦略が出来たということです。「いのちのにぎわいとつながりを子どもたちの未来に」ということを「生物多様性ちば戦略」に盛り込んだのです。

民主党は「新たな公共」と言っています。二一世紀型の分権型社会を実現するためのカギの一つが「新たな公共」です。先ほど申し上げた中核地域生活支援センターは一つの実例です。すべてを行政がやるのではなく、市民が担う公共、生物多様性もそうですが、子どもたちから大人まで、みんなが森へ入っていって、市民が立ち上がって公の森を守るプロジェクトなどです。英語のパブリックという単語はそういう意味を包含していますが、日本語の場合は公共＝行政という意味に近いのです。これからは、そうではなくて、英語のパブリックの意味を日本でも実践していく必要があります。

結論ですが、二一世紀型の地域社会づくり、それは県民みずからによる地域社会づくりだということです。そして画一的ではない、多様な考え方、いろいろな人が参加する「ダイバーシティ・ガバナンス」、つまり県民や地域が持つ根源的な力を結集しての地域運営をめざすということです。

二一世紀は経済中心の価値観から人間の安全保障の視点へと転換してきました。そして地球規模の環境保全の視点に立った価値の創造こそが「新しい公共」であり、「新しい地域社会の創造」につながっていくのだと思います。

どうもありがとうございました。

●質疑応答

参加者A　私は以前から、どうしても堂本さんにお聞きしたいと思っていたことがあります。二〇〇二年に企画された男女平等教育の副読本の行方のことです。当時はすごく大きなプロジェクトでして、小学校、中学校、高校、保育園と、毎年一冊ずつ作って、それを千葉県が全部の学校・保育園に渡すということで、私もたまたま委員として参加いたしました。財政難の中でそういう企画を進めるということで、日本一のものを作ろうと微力ながら本当にいろいろ資料を集め、あちこち意見をお聞きしたりして頑張ってやりました。ちょうど先ほどの条例が議会で猛反対を受けていたのと同じ時期で、一年間やって小学校の分を作ったはずだったのですが、それが結局日の目を見なかった。私たち委員にもその後のことがわからないのです。それで、ぜひあれだけみんなが力を入れて作ったものですから、あの副読本がどうなっているのか、お聞かせ願いたいと思います。

堂本　そうですか、どうもありがとうございました。男女の問題について、子どものときから男の子も女の子も心とからだをお互いに大事にしながら、尊厳のある生き方、深い関係性が持てるような教育をすることが大事だと思っています。知事に就任した時、千葉県では、小学校で男女混合名簿が使われておらず、男の子と女の子は別名簿でした。これは直ぐに混合名簿に改めました。

スウェーデンでは幼稚園からジェンダー教育をしているし、とてもいい教科書があります。日本語に翻訳されていますが、千葉でもこのような教科書が欲しいと思いましたし、夢でした。それだけに、Aさんをはじめ、編集委員の皆様が日本一のものを作ろうと努力してくださったことに感謝しています。

ところが県議会がどうしてもこの男女共同参画教育の副読本を出すことに反対し、学校に配ることができませんでした。残念です。たいへん無駄なことをしてしまい、申し訳なく思います。しかし、副読本はできていますから、また時代が大きく変わり、いつか子どもたちに見せることができる日が来ることを願っています。

国際的にジェンダー平等は進んでおり、それに伴ってジェンダー教育の研究も盛んです。世界で価値の転換が進んでいる時代。男女の豊かな関係が求められており、いつまでも日本だけが置き去りにされている状態だと、世界に通用しない国になってしまいます。経済的には決して強いわけでもない今、文化や福祉、環境のレベルが高い国になることが必要だと思います。そういう意味で男女の豊かさを育んでいくための教科書が、議会の反対で副読本を出せなかったのは本当に残念です。

参加者B　今日初めて「女政のえん」に参加させていただきました。一つお伺いしたいのですが、行政の立場にいるものですから、意志決定のところに女性の参画が低いということが価値観の転換を阻んでいるということは、日々実務の中で感じています。千葉県庁でトップの方々の価値観の転換、女性の比率を高めるためにどのように取り組まれたか、お聞きしたい。評価は、上から下への評価をするものがほとんどですが、大多数の働いている人たちの価値観と合わない人が評価している、どうしてこういう人がトップに来てしまうのか。正当な評価の仕組みとか男女の比率の差を縮めるなど、価値観の変化を促すのにどうしたらよいか、お考えがあれば聞かせていただきたい。

堂本　日本で三人めの女性知事でしたが、県庁幹部が集まる庁議はすべて男性でした。私が知事に就任してから、女性幹部を増やそうとしましたが、長く勤めた会社と違って、すべての職員についてわかるはずがありません。職員は一万人以上います。県庁の建物の中だけでも三〇〇〇人です。どこに誰がいるのか、最初はまったくわかりませんでした。自薦他薦が多く、あるいは人事担当者に言われる通りに、二人の女性課長を誕生させました。しかし、見ていると、下の男性職員が苦労しているのです。つまり課長として育っていない人だったのです。女性職員を集めて聞いてみると、男性の場合は、幹部職に就くようにトレーニングされるが、女性は出産すると、子育てが大変だろうと、閑職に置かれることが多く、本人が「もっとバリバリ仕事をしたい」と希望しても、男性職員の「配慮」から、元の仕事へ戻してもらえない、とのことでした。そのうち、子どもが二人、三人とできるうちに、女性の側も楽な職場に安住してしまうそうです。そうした状況の中で、女性を起用することに無理がありました。とはいうものの、二年め、三年めになると、どこに有能な女性がいるかが見えるようになり、課長として、部長として大いに活躍してもらいました。

最近は、全然違います。採用のときから女性の人数も多いし、実際に総務部とか、土木関係の部署や統計の専門分野とか、従来、あまり女性がいなかった部署に女性をどんどん配置するようになっています。後、数年もすると、男性と同等に幹部職員として活躍する女性が増えるものと期待しています。私は女だから女性職員を甘やかしませんが、男性の上司は女性職員が若いときは甘やかして、中年以上になると差別をする、というのが無意識のうちにあるのではないでしょうか。そうした職員の意識を変える上で、一番効果があったのは、タウンミーティングです。男女間の格差の問題だけでなく、県民が県職員の意識を変えました。

一〇〇年以上、上意下達の関係にあり、県は国で決めた法律を執行し、市町村に渡していくという、中間行政機関として機能していたのが県庁です。それまで国会議員として霞ヶ関を見ていましたが、いかにしていい制度をつくるか、法律をつくるか、と中央のお役人は貪欲でした。県庁に来てみると逆に受け身、法律をどう守るか、という姿勢です。先ほどの福祉のタウンミーティングが始まったときも、最初はほとんどの県庁職員が参加せず、主になって行ったのは国から出向してきた人たちでした。タウンミーティングというのは、どうしても夜や土日に開かれることが多いのです。しかし、進めていくうちに事情は変わり、一人、二人と自分から率先して出てくるようになりました。

また、知事に就任して三日めくらいに、国でＤＶ防止法が成立しました。自分がそれまでやってきたことなので、理想的な対策をと意気込んで、施設見学などを始めました。ところが職員から

「DVとは、なんですか」と質問がでるのです。これは大変だと思い、議員立法を担当してきた国会議員の一人だった私は職員を講堂に集め、DV防止法とはどういう法律でどうして成立したのか、立法の経緯を説明することにしました。そうしましたら、福祉関係の部や課の人が来るのは当然のこととして、まったく関係のない建設や交通の部長やら多くの男性職員が参加していたのです。私はレクチャーするつもりでいたのに、新しい知事はどういう話をするのかと、私を観察するためにやってきたようでした（笑）。部屋に入りきれないほど職員で満員でした。次にNPO法のレクチャー会もやりました。前の知事さんのときは、知事室には部長や課長だけに入ってもらうことにしていたそうですが、私は一つのプロジェクトを担当する、補佐ぐらいまで連れてきてちょうだい、と言い、六人、七人と、時には一〇人位の職員が来てみんなで一緒に議論をしました。知事室でも議論していたので、おむすびを買ってきてもらい、議論し話し込んで帰るのが遅くなって、県庁の灯りがみんな消えても知事室の灯りだけはついていて、不夜城などと悪口まで言われました。遅くなったことは反省しています。

たとえば都市計画は五年に一回見直していくのですが、確かにそれで変わった部分もないとは言いませんけれど、新しい都市計画を持ってこられたとき、前のものとあまり変わっていない、形式的なものだったのです。「これは、県民にどういう街にしたいのか、と聞いて作ったのですか」というと、「それは全然やっていません」という。「国のものとか、他の都道府県のものを見本にしてやりました」との答えでした。「では、千葉県内の街を回って、県民の希望を聞いて、つくったらどうかしら」と言ったんです。その結果、見違えるような都市計画になっていました。「全然違うものになっちゃいました。やはり県民に会うことはよかった」と嬉しそうに職員は言いました。医療も中小企業もそうですが、「当事者に職員が会って、ニーズを聞いて、その人たちの要望に応えられるような計画にしてちょうだい」と、徹底して私は言い続けました。知事とか部長が言えば職員も変わるとは思いますが、一番県庁職員を変えるのは県民です。だから、県民はもっとものを言わなければならないのです。

黒岩　実は私もタウンミーティングに参加したんですが、本当に感動的なんですよ。市川市で行われたタウンミーティングに行ったら、通路に座りきれなくて、ロビーにまではみ出している。そして堂本さんは聴衆の一人みたいにして、みんなの中でメモを取っていたんです。それを主催したのが県じゃなくて、障がいを持っている子どもの親たちやご本人たちだったからですね。驚いたことに、あらゆる障がいを持った人たちが登場し、最後に出てきたのはホームレスのグループでした。とにかくあらゆる人が当事者になって出てくるんです。そして、さっきの長ったらしい名前の条例ができて、『条例のある街』（野沢和弘、ぶどう社、二〇〇七年）という本が出て、その出版記念会にも行きました。これがまた感動的で……。その本をまとめたのが毎日新聞の野沢和弘さんと言う人、すごい重度の発達障がいのお子さんがいらっしゃる。その人のお子さんはもう二五歳くらいになっていて、その子がピョンピョンピョンピョン飛び跳ねているんです、堂本さんの隣で。堂本さんは「あら、あなたも楽しいのね、うれしいのよね」っていう感じでやっているんですよ。その野沢さんが『毎日新聞』に掲載した記事に、さっきの地域中核支援センターについて書いていました。これが一四の地域にあるんですが、縦割りをなくしてあらゆる相談をそこで受けるということにしたら、わかってきたことがあると書いていました。一軒のうちにはいろんな障がいが複合的にある、と。一人は知的障がいで、一人は精神障がいで、DVでなんとかでと、複合状態があぶりだされてきた、というのです。行政がしたのでなくて、民間の力でした、というのが「新しい公共」だと言うんです。もう感動的でした。

参加者C　途中参加ですみませんが、二つほどお聞きしたいことがあります。今日本にはいろいろな問題がありますね。一つは堂本さんが今一番、問題だと感じていらっしゃることは何ですか？また、もし知事でいらっしゃったとしたら、最もやりたいことは何ですか？

堂本　やはり今日本でとても大事なことは、みなさんがもっと意見をいうこと、主張することです。これだけ国民の希望があるのに、それが政治に届いていないのです。何が今大事なことですかと聞かれましたが、もうすべてのことです。年金、医療、福祉、ダムの問題も、それからもう一つ大きな問題は外交の問題です。経済問題もそうです。どれをとっても、日本は崖っぷちに立っているような状況にあると思います。もっと危機感を私たち国民が持たなければなりません。私もテレビ局に勤めていたのであまり言いたくないのですが、非常にマスコミに操作されてしまっていて、マスコミのバイアスがかかった形で私たちは情報を知るのです。先ほど県議会に一七〇人の傍聴者がいたと言いましたが、単にマスコミに頼ったりしないで、議会を傍聴したり意見を言ったりするぐらいの積極性が、千葉の障がい者にはありましたね。

すべての日本人にそれがあるのかどうか。人任せにしている傾向があるような気がします。政権は変わっても、文句は結構言うけれども、あんまりそれに対してきちんと意見を言わない、とても残念な気がします。

もし今、千葉県の知事で私がいたとすれば、県民の意見を聞きながら政策を作っていきます。千葉県でもっと燃え上がってほしいと思うからです。血の通った政治、県民と心が通う政治が理想です。

黒岩　最後のお一人になるかと思いますが、どなたか？　あ、男性の方。

参加者D　女性の社会進出についてご感想をお伺いしたいのですが。三〇年前と違って、今の若い女性は働きたくないと言う人が多いように思います。

堂本　私が大学を出た六〇年位前は専業主婦を希望する人の方が多く、バリバリ仕事をしたい人の絶対数は少なかったと思います。だから働きたい人は必死になって仕事を探し、男性に負けないように頑張りました。今は、高校から大学へ行く人が、非常に多くなり、恵まれています。かといって、すべての女性が専門性を持っているわけではありませんが、より多くの女性たちが、多様な職場に進出し、実力を発揮していると思います。羨ましいぐらいです。なのになぜ働きたくない女性がいるのでしょうか。一つは社会環境だと思います。

北欧の国々では保育料は無料、お父さんが一時間遅く子どもを連れてゆき、お母さんが一時間早引けして四時に迎えに行く、そうすると六時間保育ですんでしまうと言うような制度もあるそうです。日本は、夫婦で働きながらやっていくための社会資本が整備されておらず、男女どちらにも負担がかかっています。女性が仕事と子育てを両立しやすい環境が整っていません。そのために、働きたくない、専業主婦の方が楽だと考えている女性もいるかもしれません。

もう一つのタイプはやる気のなさで、男性にも働きたくないという傾向があるのではないでしょうか。

現状では男性も女性も疲れてしまいます。男性も女性も、働きやすく、暮らしやすい社会の構築が求められています。それを実現するには女性が政治の場に進出して変革していく以外にない、と確信しています。

黒岩　堂本さんの世界を知るのには、二時間では足りないようですね。引き続き場所を移して続けましょう。

コラム

千葉県・幻の男女共同参画条例――バックラッシュの爪跡

堂本暁子さんが県知事を務めた二〇〇一年からの八年間、千葉県では男女共同参画条例が制定されることはなかった。そして千葉県は今でも全国四七都道府県で条例を制定していない最後の県のままである。

国会議員時代、堂本さんはＤＶ防止法や男女共同参画社会基本法の制定に関わった。そして県知事退任後の現在は付論にもみられるように、「災害と女性」をテーマに世界を走り回っている。一貫して女性の人権の確立に尽力してきた堂本さんだが、なぜ県知事時代に参画条例を作れなかったのか？　この時期、日本では「バックラッシュ」と呼ばれる男女平等への激しい逆風が全国を吹き荒れていた。そして堂本さんが進めようとした参画条例は、その先進性ゆえに攻撃の的の一つとされたのだ。

バックラッシュとは「反動」「巻き返し」といった意味である。米国でのフェミニズムへの反動を描き出したスーザン・ファルーディの著書『バックラッシュ』（伊藤由紀子・加藤真樹子訳、新潮社、一九九四年）のタイトルを借用し、特にフェミニズムや男女平等の動きに対する攻撃をさすときにこの語が用いられている。

バックラッシュ推進の主体は米国のそれと同様、政治家やメディア、文化人、草の根市民・団体らであり、その攻撃対象は、慰安婦問題、大学での女性学・ジェンダー関係科目、各地での生涯学習や講演会、教育現場での諸実践、女性センターなど女性関連施設、ＤＶ防止法やＤＶ被害者支援の取組み、自治体の男女共同参画条例、国の男女共同参画社会基本法等々、多岐にわたる。

教育では特に性教育の分野が狙い撃ちされた。その代表的なものが「七生養護学校事件」である。東京日野市の都立七生養護学校では、知的障がいを持つ子どもたちに対し、人形などを使った具体性のある性教育が行われており、他地域の養護学校からの研修も受け入れていた。しかし二〇〇三年、三人の都議たちや産経新聞など一部のメディアがその教育実践を激しく非難、妨害し、校長や教員らが処分されるという事件が起こった。都教育委員会は他にも不適切な性教育や服務規程違反などを理由として七生養護学校を含め一〇〇人を超える教員に処分を出した。（その後の裁判で三人の都議らによる介入は教育の

「不当な支配」、都教委による性教育を理由とする処分は裁量権の濫用にあたるとの認定を受け、都議たちと教委は損害賠償を支払うとする判決が二〇〇九年に下された。）こうした中、二〇〇五年、自民党は当時幹事長代理であった安倍晋三氏を座長とし、山谷えり子氏を事務局長とする「過激な性教育・ジェンダーフリー教育実態調査プロジェクトチーム」を立ち上げ、「過激な性教育」キャンペーンを全国的に展開していった。

ジェンダーフリーという用語の使用もあちこちの自治体で禁止された。そればかりでなく、男女共同参画の計画策定にあたって「ジェンダー」という用語そのものの使用禁止を決議するという議会すら現れた（香川県議会、二〇〇五年）。

自治体の作る男女共同参画条例もバックラッシュによって大きく後退させられた。山口県宇部市では審議会が議論の末に策定した答申とは異なる、別の保守的な条例案が市によって議会に提出され、これが可決されるという事態が起きた（二〇〇二年六月）。条例制定に向けて、宗教団体と関連を持つ日本時事評論社（山口県山口市）という団体や保守系市民、議員の巻き返しの運動が展開されたからである。この条例では答申案にあったリプロダクティブ・ヘルス／ライツ（性と生殖に関する健康と権利）の項目が削除され、代わりに「男らしさ、女らしさを一方的に否定することなく」、「専業主婦を否定することなく」といった文言がことさらに盛り込まれた。「男は仕事、女は家庭」などの固定的な性別役割を解消するという男女平等の基本理念が無効化され、逆に条例自体が旧来の男らしさ、女らしさの押しつけを容認、担保する形となってしまった。

堂本さんが千葉県知事に就任した二〇〇一年当時、県ではすでに沼田武前知事によって男女共同参画条例の制定に向けての準備が進められており、条例専門部会も作られていた。就任後、堂本知事は「日本一の」、「他の県のモデルになるような」男女共同参画条例を作ると宣言し、条例案づくりを着々と進めていった。そしてこの先進的な条例案づくりに対し、宇部市でバックラッシュ運動に関った日本時事評論社が目をつけ、保守系政治団体の日本会議、保守系の県議や市民らも反対運動を繰り広げることとなったのである。翌年になると、県庁前では「条例ができると男女のトイレが一緒になる」などデマを含んだ悪質な街宣が繰り返し行われたという。そして、ジェンダーフリーを歪曲し、フェミニズムへの「恐怖」を煽り、男女共同参画を叩く多くのチラシが配られるようになった。

そうした中、二〇〇二年九月、県知事の条例案が公開されたが、それに対し、自民党県連は次の四項目の修正・削除を要求してきた。

1、「入札の資格に男女共同参画の取り組みを考慮」の修正・削除
2、「家族経営協定」の文言の修正・削除

3、「性及び子を生み育てることについての理解を深め、自らの意思で決定できるよう性教育の充実」の「自らの意思で決定できるよう」の削除

4、教育活動の「性別にかかわりなく」を削除か「互いに違いを認めつつ」に修正

堂本知事は1、2は受け入れたが3、4は残したまま条例案を議会に上程した。この条例案は自民党が多数を占める中、九月議会、一二月議会とも継続審議となり、さらに翌二〇〇三年の二月議会では県知事案と自民党案が両方提出されることとなった。そしてその自民党案には宇部市と同様に「男らしさ、女らしさを一方的に否定することなく」といった文言が盛り込まれていた。しかし結局のところ、二月議会では両案とも継続審議となり、廃案となった。自民党内でも立場が割れていたからである（山口智美他『社会運動の戸惑い』勁草書房、二〇一二年）。

そんな複雑な膠着状態が今日まで続いているのだろうか。二〇一四年の九月議会で、民主党の県議が条例制定について次のような質問をした。「四七都道府県と二〇政令指定都市で条例を制定していないのは千葉県だけ。制定しない理由を教えてほしい」。それに対し県側は「条例のない中でも男女共同参画計画に基づき、県民、市町村、事業者らと連携して取り組んでいる」と回答し、現時点でも制定の考えはないことを示したという。

なお、堂本さんの退任後の知事選では、保守的言動で知られる森田健作氏が当選、現在まで県知事を引き継いでいる。森田氏も歪曲されたジェンダーフリーや「過激な性教育」という虚像を作り上げ、これを攻撃してきたバックラッシュ政治家の一人である。最初に県知事選に出馬・敗退した二〇〇五年には、県内の集会で「男らしさ、女らしさがなかったら、どうするのですか。後はオカマだけですよ！」と偏見に満ちた発言をし、話題になったりもした。

バックラッシュ派を刺激してひどい参画条例を作られるよりは、ない方がまだマシ……そんな事情で条例の制定に二の足を踏んでいる自治体は今でも全国に散在しているのではないだろうか。

（編者）

■付　論■

防災政策にジェンダー視点からタックル

——東日本大震災をきっかけに日本から世界へ

男女共同参画と災害・復興ネットワーク代表　堂本暁子

東日本大震災が起きた時

二〇一一年三月一一日、私は埼玉県嵐山町にある国立女性教育会館（ＮＷＥＣ）で、全国から集まった女性リーダーを前に「女性のネットワークと男女共同参画」というテーマで講演をしていました。

一四時四六分。足元が大きくグラっと揺れ、私は思わず「あっ、地震だ、大きいですね、相当に大きい。どこが震源地でしょうか。長いわね」と言って、急ぎ壇上を降りました。ところが、しばし地震が収まったのです。司会者に「講演を続けてください」と促され、講演を再開しました。ところがその途端、またさらに大きな揺れ。今度は司会者が「みなさん、机の下に潜ってください」

と指示。さて私は、どうしたものかと一瞬迷ったのですが、壇上に机はないし「机の下でも声は聞こえますから、私は話を続けます」と言って、予定時間の一五時まで講演を続けました。終了後、控え室に戻ってテレビを見て驚きました。ちょうど津波が押し寄せてくる映像が目に飛び込んできたのです。まさかこんな大地震だとは思っていなかったので、気恥ずかしい限りでしたが、すでに時遅し。「地震・津波のときにでも講演を続けていた堂本さん」という武勇伝が、全国に伝わってしまいました。

以後、何日間かは、テレビにかじりつくようにして災害現場の報道を見続けました。あまりの悲惨な事態に心痛む日々でしたが、特に気になったのが避難所でうずくまっている高齢者や幼い子どもを連れた母親、苦しむ病人や障がい者などの姿でした。

▲2011年3月11日、国立女性教育会館での講演会場風景

一九九五年の阪神淡路大震災の折も、二〇〇四年の新潟県中越大震災の時も、高齢の女性が大勢、犠牲になりました。以来、災害時の対応や防災には男女共同参画の視点が必要だと女性たちは主張しました。また、二〇〇五年に神戸市で開かれた第二回国連防災世界会議で採択された兵庫行動枠

表1　備蓄品：必要性と備蓄状況（市町村）

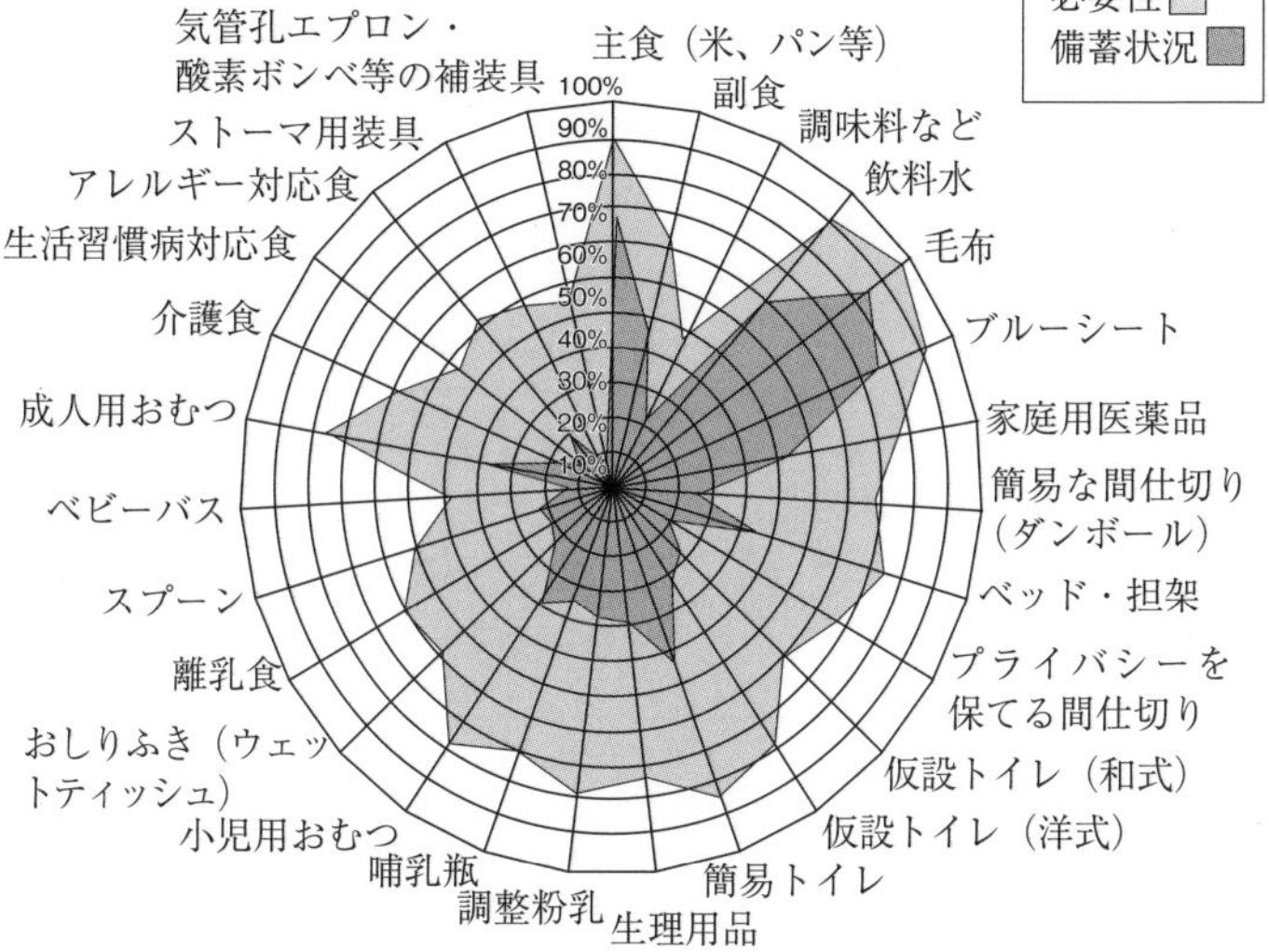

▲「女性・地域住民からみた防災施策のあり方に関する調査結果について（概要）」全国知事会・男女共同参画特別委員会・災害対策特別委員会、2008年。表2も同様。

組み（ＨＦＡ）に「あらゆる災害リスク管理政策、計画、意思決定過程にジェンダーに基づいた考え方を取り入れることが必要」と書き込まれたことで、同年、防災基本計画が修正されて、「女性の参画・男女双方の視点」の重要性が明記されました。男女共同参画基本計画でも、二〇〇五年策定の第二次、そして二〇一〇年策定の第三次計画に、防災・環境における男女共同参画の推進が明記されました。

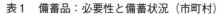

二〇〇八年に実施した全国知事会による調査

これらの政策は実施されたのでしょうか。千葉県知事だった二〇〇八年に

表2　講習会・セミナーの実施状況（市町村）

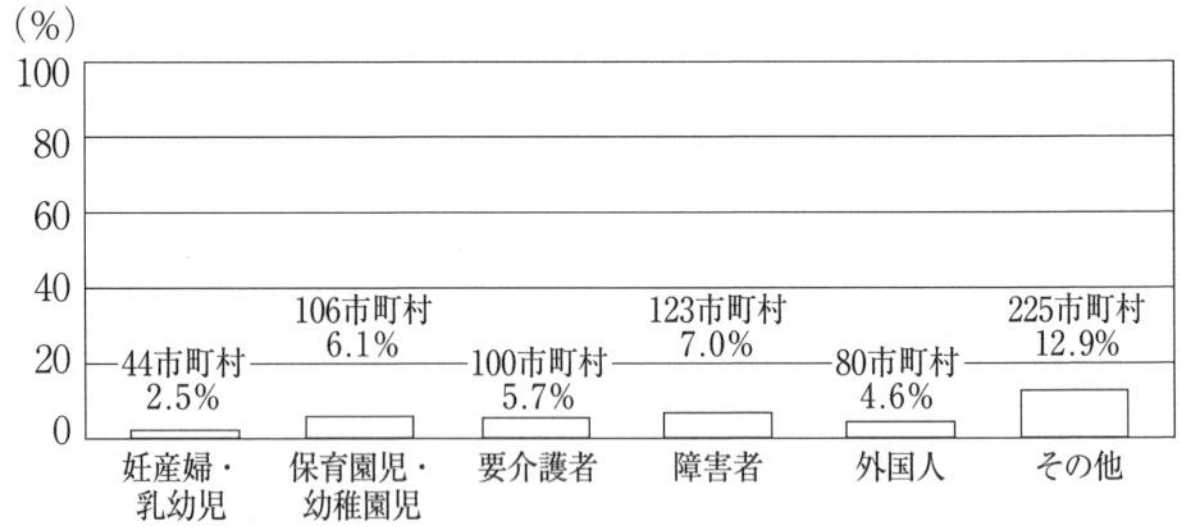

	妊産婦など	保育園児など	要介護者	障害者	外国人	その他
講習会 セミナーなど	44 （2.5%）	106 （6.1%）	100 （5.7%）	123 （7.0%）	80 （4.6%）	225 （12.9%）
防災訓練	130 （7.4%）	511 （29.3%）	368 （21.1%）	362 （20.7%）	176 （10.1%）	409 （23.4%）

私は全国知事会で「災害と女性」について調査を行いました。調査の結果、明らかになったのは防災会議など意思決定の場への女性の参画が極端に少ないことでした。また、避難所の備蓄品を選ぶにも女性が参加している都道府県が、当時はゼロでした（表1参照）。

女性や高齢者、障がい者、外国人等を対象とした地域の防災力の強化はまったく行われていなかったのです。妊産婦や乳幼児を持つ女性のための講習会や防災訓練を実施している自治体はわずか二・五%、避難所などにおける女性の活動環境も整っていませんでした（表2参照）。危機感を抱き、内閣府に調査結果をもって防災の分野に女性が参画することの重要性を訴えました。しかし、そうした知事会の調査結果を踏まえた制度の改革が行われないまま、二〇一一年三月一一日に東日本大震災を迎え、またもや被災地の女性たちは我慢を強いられ、困難な立場に置かれました。

地震・津波から三週間めの現地視察

三・一一から三週間たった四月一日に、私は女性と健康ネットワーク（WHJ：Women's Health Network Japan）の原ひろ子さん、天野恵子さん、知事会調査の協力者である大原美保さん（東京大学生産技術研究所准教授・当時）等と福島県、宮城県の被災地に入りました。

▲避難所の様子

避難所は男性主導で運営されており、男性の都合や感覚が優先していました。例えば、リーダー役のある男性区長は「災害は辛いけど、親戚縁者も隣近所の人たちもみんな仲良くやっていますよ。だからダンボールの間仕切りを置くのは反対、私は許していません。一目で全員を見たい」と言うのです。女性たちは着替えをするにも不便なだけではなく、妊産婦、乳児を抱えた母親、更年期障害に苦しむ女性など、女性固有の健康に対しての配慮が見られず、男性が生理用のナプキンを配っている避難所もありました。さらに心配だったのが、子どもや高齢者、病人の医療、健康管理、衛生面でした。女性たちに「あなたはどう感じているの」と聞くと、「食べるものはある。けれども、もう四キロ瘦せました。辛いのは自分のスペース、自分の時間がまったくないことです」と答えました。私たちは、現場に男女共同参画の視点がないために、暴力やセクハラにも苦しんでいる実態を知りました。

「災害・復興と男女共同参画」六・一一シンポ実行委員会の立ち上げ

被災現場では、平常時に女性が直面している不都合や差別といった社会の歪みが集約的に顕在化していました。しかも、被災地の、特に女性や障がい者、高齢者などの要求や訴えが中央の災害対策本部には届きにくい状況がありました。私たちは危機感を抱きました。そこで災害から三カ月めの六月一一日に「災害・復興と男女共同参画」六・一一シンポジウムを開くことを決め、政府に改善を求めるために全国の団体や個人に呼びかけ、直ちに実行委員会を立ち上げました。

その直後の四月一一日に東日本大震災復興構想会議が発足しますが、私たちの危機感を裏付けるように、一五人の委員中、女性は一人しか任命されていませんでした。しかも、経済に軸足をおいたインフラ中心の復興計画が進んでいました。「人間の安全保障」の実現をめざすのであれば、健康、福祉、環境、教育などの視点を踏まえた地域づくりを核として、復興計画の全体像を構想すべきです。その際、生活の場に身を置いている女性の果たす役割は限りなく大きく、女性の参画は必要不可欠なはずですが、その配慮はありませんでした。

「災害・復興と男女共同参画」六・一一シンポジウム実行委員会（以下「実行委員会」と記す）には、日本学術会議や日本女性科学者の会、大学女性協会などの学界分野、全国地域婦人団体連絡協議会、女性会館協議会など女性の全国ネットワーク組織、国際婦人年連絡会や北京ジャックなどの政策提言団体、日本女医会、日本災害看護学会など医療・医学関係、国際、福祉、教育など各分野で活躍しているＮＰＯ／ＮＧＯが名前を連ねました。政府が災害政策を発表する度に総理大臣以下、関係閣僚、関係国会議員、政府関係者などに面会を申し入れ、男女共同参画の視点を明確に盛り込むことを求める要望書を提出し続けました。

実行委員会の特徴は、各界各層、多様な分野の女性団体と個人が全国四七都道府県から参画し、情報を共有し、さらに女性国会議員と連携して行動したことです。それぞれの委員が専門性を発揮し、連携・協力しました。共催の立場にあった日本学術会議の「人間の安全保障とジェンダー委員会」は理論構築、政策提言をつくる作業で終始「力」を発揮し、女性団体連絡会は各都道府県、各市町村の女性センターや会館で「災害と男女共同参画」をテーマにシンポジウムやフォーラムを開催しました。また、防災・復興分野の研究者からは歴史と災害をめぐる国際的潮流について多くを学びました。阪神淡路大震災の経験についても、多くの女性が非正規雇用だったために解雇され、特に母子家庭の場合には生活再建は非常に難しかったこと、女性に対する暴力防止の対策を確立する必要があることなどが神戸の女性たちから提示されました。

二〇〇五年の防災計画に「災害・復興に男女双方の視点・参加が重要」と明記されながら、なぜ東日本大震災まで、何ら具体的な対策は取られずにきたのでしょうか。「男女双方の参画」は「お題目」でしかなかったと言わざるをえません。そのために、東北ではまた同じ悲惨が繰り返されました。何としても現行の防災体制を改善しなければならない、というのが私たちの共通した思いであり、信念でした。

政府と国会に対して要望活動を展開

「災害・復興と男女共同参画」六・一一シンポ実行委員会の活動は、政府の復興政策の急速な進展と相まって進みました。政府が発表する男女共同参画の書き込み方の曖昧さ、不正確さに、そのつど、私たちは間違いを指摘し、より鋭く、具体的な内容や表現をまとめ、要望書として投げ返しました。

それらの提言内容を実際に政策化するには、国会議員の協力も必要でした。五月九日に岡崎トミ子議員をはじめ衆参両院の女性議員と話し合い、男女共同参画の視点を復興政策に反映させるために、国会の内外で情報を共有し、相互に連携することを確認しました。

早速、五月二〇日の参議院予算委員会で平山幸司議員（民主党）が「男女共同参画の視点が大事であるにもかかわらず、復興構想会議に女性が一人しかいないのはなぜか」と質問をし、それに対して菅直人総理は「男女共同参画の視点は重要であり、復興構想会議が男女共同参画の視点を重視するよう求める」と答弁しました。翌二一日には参議院の内閣委員会で糸数慶子議員（無所属）が女性への暴力について、二五日には衆議院内閣委員会で井戸まさえ議員（民主党）が質問するなど、災害と男女共同参画についての質疑が続きました。

〈五月一〇日「女性」の記述ゼロの「復興七原則」〉

復興構想会議が発足して一カ月めの五月一〇日に開かれた第四回会議は「復興七原則」を公表しますが、経済復興が基軸で、生活復興の視点が弱く、もちろん「女性」にふれることも、「男女共同参画」にも一切言及していませんでした。

阪神・淡路大震災の折に、女性たちが「女性が参加する仕組みがないばかりか、むしろ、積極的に女性が排除されているように感じた」と述べていますが、今回も同じように、私たちが女性の参画を提起しても、無視というより「緊急事態の最中になんで男女共同参画なのか」と、まるで別次元の問題を持ちだしてでもいるかのように、退ける気配が復興構想会議には少なからずありました。

〈五月一九日　国会議員と実行委員の緊急院内対話集会〉

そこで、五月一九日に「男女共同参画の視点から問う災害の現状と今後の課題～女性議員とともに考える～」をテーマに女性団体と国会議員との緊急対話集会を参議院議員会館で開催しました。衆参両院の女性議員が一三人、実行委員会からも五〇人以上が出席し、被災地の現状報告や地元議員の震災への取組などについて発言があり、議論が盛り上がりました。最後に「東日本大震災への対応における男女共同参画視点の徹底についての要望」案が出され、採択されました。

▲緊急対話集会の様子

〈五月二九日「五つの論点」に初めて「男女共同参画社会の重要性」が登場〉

五月二九日に復興構想会議が「これまでの審議過程において出された主な意見～『復興七原則』と『五つの論点』～」を公表しました。度重なる要望、国会質疑が効を奏し、わずか一カ所ですが、

〈復興事業の担い手や合意形成プロセス〉の項に「地域づくりにおいては、女性や高齢者、障がい者など多様な人々が合意形成プロセスに積極的に参画することにより、生涯現役社会や男女共同参画社会といった真の参画型社会の形成を目指すことが重要である」と書き込まれました。

「地域づくり」に限定した書き方で、ものたりなさを感じないわけではありませんでしたが、とにかく「女性」、そして「男女共同参画社会の重要性」が書き込まれたのは、要望活動の成果であり、まずこれが最初の一歩なのだと受け止めました。

東日本大震災復興基本法に「女性の意見を反映」と記述

三月一一日から三カ月余り、復興構想会議の提言を受けて東日本大震災復興基本法が成立します。この間、私たちは女性の立場から、復興構想会議に、さらに政府や国会に提言書を持って、たたみ掛けるようにロビー活動を展開し続けました。六・一一シンポ直前の六月九日に衆議院の震災復興特別委員会で民主、自民、公明三党の理事が、東日本大震災復興基本法の修正で合意し、二〇日に参議院本会議で可決成立しました。その第二条（基本理念）には「被災住民の意向が尊重され、あわせて女性、子ども、障害者等を含めた多様な国民の意見が反映されるべきこと」と書き込まれ、それ以後の法的根拠となりました。実行委員会のメーリングリストにも、復興基本法に「女性」が入ったことを喜ぶメールが次々と寄せられました。ここまでが、要望活動の第一段階と言えます。

▲6月11日のシンポジウムの会場の様子

次の第二段階は、理念として書き込まれた「男女共同参画」をどう政策、施策として個別具体的に実現させるかです。そうした時期に、私たちは最高のタイミングで「六・一一シンポ」の日を迎えました。

〈六月一一日　盛況だった「災害・復興と男女共同参画」六・一一シンポ〉

六・一一シンポ当日、会場の日本学術会議講堂は各地から集まった参加者で満席となり、熱気に包まれていました。東北で被災した当事者からは、具体的に様々な問題が報告され、それに対して災害、医療、経済などの分野の専門家による分析があり、阪神淡路や中越地震の経験も語られ、密度の高い議論が展開されました。復興に向けてのまちづくり、女性固有の健康問題、就業、子育てと、まさに第二段階で政策提言すべき個別具体的な課題が数多く提起され、それを参加者一同で共有することができました。最後に政府に提出する要望書を取りまとめ、閉会しました。

〈六月一四日　「六・一一シンポ」以後の急激な動き〉

六・一一シンポの三日後の六月一四日に参議院の東日本大震災特別委員会で、岡崎トミ子議員が質問に立ち、「六・一一シンポ」を紹介しながら、復興構想会議に女性委員を増やすよう、菅総理に質問しました。

岡崎トミ子　六月一一日、先週の土曜日に、日本学術会館で復旧復興の全ての段階に男女共同参画が重要だというテーマでシンポジウムが開催されまして、被災地の女性を始め全国の女性団体の代表や専門家が出席をいたしました。このシンポジウムの実行委員会には全国四十七都道府県の女性団体が参加しており、当日も大変な熱気だったと聞いております。この実行委員会から、創造的な復興には男女共同参画の視点が不可欠であるとの要望書が提出されております。女性の参画を求める声が全国的なうねりとなって押し寄せてきているということを感じます。（中略）

復興構想会議のメンバーを増やす際には、知見を持った女性を複数名入れていただきたい。復旧復興のプレゼンスに男女共同参画の視点を入れることの重要性についてどのように感じておられるのか、総理にお伺いしたいと思います。

内閣総理大臣（菅直人）　復興には女性の視点というものが重要であるという御指摘はそのとおりだと思っております。当初のメンバーの中に女性の方が結果として少なくなっているとい

うことについては大変申し訳なく思っております。女性の方にもっと入ってもらえるように現在の責任者でもあります五百旗頭議長と是非お話をして、そういう方向で進めてまいりたいと、こう考えております。

女性議員の度重なる国会質問で、災害時における女性の参画、男女共同参画の視点の重要性について国会で議論する土壌が次第に醸成されていきました。

復興構想会議「提言」に「男女共同参画の視点」明記、反面で狭義な「減災」概念

六月二五日に、東日本大震災復興構想会議は提言「復興への提言～悲惨のなかの希望～」を発表しました。四月時点とは打って変わって、「誰をも排除しない包摂型の社会づくり」を提唱し、「声を上げにくかった女性などが、震災を契機に地域づくりに主体的に参加することが重要である。とりわけ、男女共同参画の視点は忘れてはならない」と記述しました。

また、「まちづくり」について、「住民意見の集約にあたっては、女性、子ども、高齢者、障害者、外国人等の意見についても、これを適切に反映させる」とし、さらに、「地域包括ケアを中心とする保健・医療、介護・福祉の体制整備」では、「若者・女性・高齢者・障害者を含む雇用を被災地において確保し」と明確に記載しました。

しかし、「女性、子ども、高齢者、障害者」という書き方は、女性を「災害弱者」、つまり、政策の対象として位置づけており、政策を立案する主体として位置づけられていませんでした。以後私たちは、あくまでも地域住民の一人として、また主権者として、法的にも実質的にも位置づけられるべきである、と主張していくことになります。

復興基本法成立から約一カ月後の七月二九日、「東日本大震災からの復興の基本方針」が発表されました。この一カ月間も手を緩めることなく、より細部にわたって具体性のある提言書を作っては、ロビー活動を続けました。その結果、基本方針の実に一二カ所に男女共同参画に関する事項が書き込まれました。正直なところ、「遂に」との思いでした。

八月には、男女共同参画の担当参事官が任命され、私たちの要望を反映した基本方針が具体的に動き始めました。

外圧ではなく、国内の女性の力で災害制度を改革

これまで日本における女性関連の政策、あるいは男女共同参画関連の制度のほとんどは国連での合意を受けて実現してきました。一九七五年に第一回世界女性会議がメキシコで開かれ、それを受けて、婦人問題企画推進本部が設置され、一九七九年には女子差別撤廃条約を採択し（一九八五年批准）、男女雇用機会均等法ができました。一九九五年に北京で開催された第四回世界女性会議で

採択された北京行動綱領を受けて、四年後の一九九九年に男女共同参画社会基本法が成立、というようにわが国では外圧によって、女性政策が進んできた経緯があります。

しかし、今回の「災害・復興と男女共同参画」の活動は外圧ではありません。東日本大震災をきっかけに、やむにやまれない気持ちで私たちは駈け出し、政府の立案作業に遅れないよう無我夢中で走りました。東北で被災した女性の経験は、全国の女性と共通の問題であり、東日本大震災復興基本法や基本方針に男女共同参画の視点を盛り込むことは、日本の防災政策や制度の改革への第一歩と信じて活動しました。

つまり、安全で災害に強い国をつくるには、男女共同参画の視点からの社会改革が必要であることを、私たちは東日本大震災から学んだのです。

二〇一二年二月一〇日、復興庁が発足し、私たちが求めた男女共同参画担当の部署が設置され、四月には、五人の女性専門職員が採用されました。私たちの次の役割は、基本法や基本方針に記述された男女共同参画関連の政策を確実に実施させていくことと、防災会議に女性委員を増やすために災害対策基本法を改正することでした。特に、地方防災会議では根拠法である災害対策基本法での職務規定が厳しく、地方自治体の意向で女性を増やすことが難しかったため、都道府県知事や市町村長の権限を拡大し女性委員を増員しやすくすることと、委員の性別が著しく一方の性に偏らないようにするためにクオータ制を導入することの二点を要望しました。その結果、二〇一二年六月に災害対策基本法が改正され、残念ながらクオータ制は盛り込まれませんでしたが、首長の判断で女性を登用できる体制となりました。現在では、地方防災会議の女性委員がどんどん増えています。

今後は、中央だけでなく、各都道府県、市町村で要望活動を展開し、男女共同参画を地方自治体の災害政策に取り込ませることが必要です。地方での動きと中央の活動を連動させ、あるいは地方が相互に連携し、情報を共有しながら「災害・復興と男女共同参画」の活動のうねりを強化し、全国に広げていかなければなりません。

▲3月1日、CSWにおけるサイドイベント

国際的な動向と国連での意外な展開

二〇一二年二月、ニューヨークでは、国連日本政府代表部の公使が日本学術会議のウェブサイトに掲載された、六・一一シンポジウムの当日資料を読み、第五六回国連女性の地位委員会（CSW）に決議案「自然災害とジェンダー」（Gender Equality and the Empowerment of Women in Natural Disasters）を提出し、採択されました。CSWに、日本が決議案を提出したのは、これが初めてのことです。まったく意外な展開でした。

また、二月二八日にはAPWW（アジア太平洋女性監視機構）主催のワークショップ「Gender and Disaster in Asia and Pacific」、三月一日には国連NGO国内婦人委員会、国際婦人年連絡会、JAWW（日本女性監視機構）が主催のサイドイベント「災害・復興と男女共同参画――東日本大震災と津波」が開催されるなど、この運動を担ってきた女性たちが中心となって、多彩なイベントが行われ、いずれも定員をオーバーする参加者がありました。特に、三月一日のサイドイベントでは、内閣府男女共同参画局長が出席し挨拶するなど、国内での官民協力体制がニューヨークでも継続されました。同時に、日本政府・NGOとして、三・一一災害に際して多くの国々や団体・個人から国際的支援を頂いたことへのお礼を伝える機会ともなりました。

今後の活動――日本の女性と世界の女性の連帯を

こうした国際的な流れの中で、画期的だったのは二〇一五年三月に第三回国連防災世界会議（WCDRR）の仙台市での開催が決まったことです。世界各地、各分野の意見を集約し、二〇〇五年に神戸で開かれた第二回国連防災世界会議で採択した兵庫行動枠組を改正し、二〇一五年からの国際的な行動枠組みの採択が予定されています。そのため、ポスト兵庫行動枠組み（HFA2）に男女共同参画の主流化を望む国内外の女性たちの期待は高まっています。「男女共同参画と災害・復興ネットワーク」では活動を国内から世界に広げ、HFA2に意思決定の場への女性の参画と女性リーダーの養成などを盛り込むことを、ISDR（国際防災戦略）に提言しました。

東日本大震災では、男性を中心に避難所が運営され、「非常時なのだから男が決める。それに従って、女は動け」という理屈がまかりとおり、多くの女性は不都合や不便に耐えなければなりませんでした。その姿は、阪神・淡路大震災、新潟県中越大震災の経験とまったく同じで、平常時から潜在的に存在する慣習や不平等な制度が極端な歪みとなって現れ、地域社会の復興を阻害しました。

しかし、多くの女性たちは生活者としての感性や経験、さらに職場で培った能力や技術を活かして底力を発揮し、復興に貢献したのです。問題はそうした女性の力が正当に評価されていないことです。その上、従来は、制度上も「女性、高齢者、子ども、障害者……」と、女性を災害弱者として括る傾向が強く、主体性が認められない状況が続いていました。

三・一一以後、女性団体やネットワークが同時多発的に声を上げ、政府に男女共同参画の視点の導入を求め、その要望は復興計画の立案、防災関連の法改正等に取り入れられました。また、国連女性の地位委員会（CSW）に自然災害と男女共同参画に関する決議を日本政府も提出しました。しかし、防災政策に男女共同参画が主流化されたわけではなく、多くの課題が残されています。

こうした状況は日本に限ったことではありません。二〇〇五年に第二回国連防災世界会議（神戸市）で採択された兵庫行動枠組みは、男女共同参画の重要性を謳っていますが、これを防災政策に取り入れている国は二〇％にすぎないのです。

三・一一を経験した日本の女性が受け身であってはなりません。そこで「男女共同参画と災害・

▲2014年6月25日、第6回アジア防災閣僚会議（タイ・バンコク）にて

復興ネットワーク」は二〇一四年六月一四日、仙台市で防災政策を考える国際ラウンドテーブルを開催しました。女性が社会の構成員として意思決定の場に参画し、リーダーとして活躍できる仕組みづくりや、災害に強い社会の構築のために女性の力を活用すること、災害時に脆弱な立場にある妊産婦や高齢者、障がい者等の多様なニーズを把握し対応することなどを、「仙台提言」としてまとめました。

この提言を、六月二二日からタイ・バンコクで開催されたアジア防災閣僚会議に提示したところ、スリランカ、パキスタン、インドネシアなど各国の女性たちから高く評価され、国連防災世界会議に向けて協働することになったところです。注目を集めたのは、日本の菅沼健一大使が、三年以上にわたり活動してきた日本の女性たちの提言を受け入れ「災害に強い社会を作るには、意思決定の場への女性の参画とリーダーシップが不可欠である」と述べたことでした。

ＣＳＷ決議の提案国である日本が、国連防災世界会議においても男女共同参画の主流化に向け主導的な立場に立つことが期待されており、同時に、日本が災害に強い地域社会を構築するために、どのように女性の参画を進めていくのかが世界から注目されました。

私たちは、誰にとっても住みやすく、差別のない、安全で真に回復力のある（レジリエント）社会が必要だと考えています。それは、女性はもちろんのこと、高齢者、障がい者、外国人など多様な立場の人々が尊厳と敬意を持って遇される社会です。そのために私たちは、世界の女性団体やネットワークと力を合わせ、意思決定の過程に積極的に参加することが大事です。国内的にも、国際的にも女性たちが力をもつことで、変革は可能だと確信します。

「まちづくり」発祥の地から住民自治に挑む

知恵と工夫を生かした国立市政の試み

上原公子

「自治という自分たちのことは自分たちで管理するシステムを作りつつ、責任をどう持てるかということを、もう一回きちんとやりたいと思いました。」

（二〇〇九年一一月七日）

上原公子（うえはら・ひろこ）元東京都国立市長

一九四九年五月三日（憲法記念日）宮崎県生まれ。法政大学大学院修士課程中退。東京・生活者ネットワーク代表、東京都国立市市議会議員、水源開発問題全国連絡会事務局、国立市景観権裁判原告団幹事等を経て一九九九年五月、国立市長に立候補し、女性初の東京都市長として当選。二期八年間市長を務め、二〇〇七年四月に退任。「まちづくり」発祥の地として、市民と共に市政を担ったが、任期中、国立市大学通りの複数の景観裁判が続いた。二〇〇七年七月の参議院選挙に社民党から立候補、落選。著書に『分権は市民への権限委譲』（公人の友社、二〇〇一年）、『しなやかな闘い――生命あふれるまちづくりの試み』（樹心社、二〇〇八年）、共著書に『国民保護計画が発動される日』（自治体研究社、二〇〇六年）、共編著書に『国立景観訴訟――自治が裁かれる』（五十嵐敬喜共編著、公人の友社、二〇一二年）などがある。

進行（大海篤子）　司会をします大海です。本日のゲストスピーカー上原公子さんと私は、三〇年ぐらい前からでしょうか、生活クラブ生活協同組合の活動仲間でして、合成洗剤を使わず自然にやさしい石けんを使うという運動、そこから発展した水の問題に取り組む運動を一緒にしていました。その後、上原さんはさまざまな政治的な、かつ「しなやかな闘い」を経て、今日ここにおいでいただきました。

回

皆様、こんばんは。私はここ東京大学の駒場ファカルティハウスに今日初めて来ました。古い建築物が大変好きです。こういう豊かな緑の中にある学校は今ではとても少ないので、貴重ですよね。古い建物というのはその時々の歴史を反映しているから好きです。市長になる前に法政大学大学院の五十嵐ゼミに三年行っていました。法政みたいに新しくできて歴史を感じさせない建物は、つまんないですね。こういう建物のできた背景として、東大でも、私の地元の一橋大学でも、ものすごいお金をかけ、今だったら作れないくらいの建物のすごさ、敷地面積も広く、当時は土地代が安かったこともありますが、作った人たち、支える人たちの文化度というのが反映されていると思います。こういうところでお話をさせていただき感謝いたします。

今日は着物を着て参りました。先ほどから珍しがられるのか着物姿をほめていただきましたが、なぜ着るかというと、単に日本文化が好きだというのではなくて、着物は実は経済的だと思っています。同時に、地域経済の話しをするとき、着物はわかりやすい事例になります。地域の経済がどのように自立をめざすかという課題と、日本の技術力で世界にどう進出するかという課題が見えてくるのです。

日本の政治は着物とその付属品を作る大事な技術者をどんどんつぶしてきた経緯があります。もう日本では着物が作れなくなって来ているのです。糸を紡ぎ、布を織り、仕立てるまでには十何工程、それぞれの専門家がいまして、一つ欠けてもできません。そういう技術者を今後どういうふうに育てながら地域経済を自立させていくかに、二一世紀の日本のあり方が掛かっているだろうと思います。しかも着物は養蚕業からずっと繋がっている事業です。地域の独特の着物を、日本はたくさん持っていますけれども、桑畑から始まって農業とリンクしながら大事にするということが、実は温暖化防止の循環型の地域づくりにも関わることなので、そういうのを見直したいと思っています。文化から農業、そして地域産業経済の自立まで見直すということで、着物を着ております。

初めに少し自己紹介をします。私は、当時二歳だった娘のために、一九七九年横浜の団地から環境のいい国立に引っ越しました。娘がアトピーだったこともあって、食べ物にこだわる「生活クラブ生活協同組合」（以下、「生活クラブ」と記す）と出会ったのですが、国立には生活クラブがなかったので支部をつくり国立支部の初代委員長になりました。生活クラブは主婦が安全で信頼のできる食物を手に入れたいと、生産者と話し合ったり、自分たちで仲間作りをして組織を広げていくという社会運動組織として発展していきました。食べ物のことからさらに「政治は生活の道具」という新鮮な視点で議員を出していく運動に取り組みました。今では都議会議員三人、都内の区・市会議員が五二人と大きくなっています。その基本は、日々の暮らしの課題を政治に「モノ」を言うことで解決しようと、議会での発言権をえるために仲間を議員にする活動です。当選した議員は、議会では仲間の代理として、政策を実現するために努力し、仲間は議員の選挙や日常の活動で政策の実現を支援するという「役割分担」をしています。そのため選挙活動・政治活動を「代理人運動」と名づけています。

一九八五年には、国分寺・国立・小金井の三市が選挙区で「生活クラブ」が推薦した池田敦子さんが都議会議員に当選しました。その時の選挙公約は「環境を守るために石けんをつかいましょう」というもので、当時は石けんやゴミ問題などの環境問題で当選するのかと、他の候補者から言われました。

都議会議員が生まれたので、それまでの「東京都グループ生活者」という団体名を改名し、「東京・生活者ネットワーク」という政治団体となり、一九八八年に私は初代代表になりました。そして、一九九一年には生活者ネットワークから出馬して、国立市議になり、一期務めました。

「石けん運動」＊に関わっていると、飲み水が気になります。国立市のある多摩地区では、水道水の水源の三〇％ほどは地下水を利用しています。土壌汚染や、地下水を水源として使うことによって起きる地盤沈下など、飲み水の安全は生活者ネットワークの重要な政策でした。そして、また、「水」や「ダム」が私にとって大事なテーマでしたので、一九九三年には、全国各地でダム建設等、水源開発に対して闘っている仲間たちのために結成された組織、水源開発問題全国連絡会事務局を務めました。

九〇年代に入ると、国立市では駅周辺で景観を損なう大型マンション建設が始まっており、景観をめぐって市民と行政とが対立しました。こんな状況を打開するために、私は一期で議員を降りて、代わりに二人のネットワークの議員を送り込み、市民運動を担うことにしました。国立市にとって景観問題は、市民自治そのものだったからです。三〇〇人の原告団を結成して、日本で初めて、普通のまちでの「まちづくり」としての景観裁判を起こしました。裁判では原告団幹事を務め、市民自治と景観のまちづくりを公約に、一九九九年四月、国立市長に立候補し当選しました。そして、二期八年間国立市長を務め、二〇〇七年四月に退任しました。本日は、そうした経験から政治というものを私がどう考えてきたかを、具体的な話を交えながらするのがよいかなと思っています。

1　市長になって「自治」をめざす

市長はオンリーワン

今日の参加者の中には、議員の方もいらっしゃるようですね。議員と市長という両方の立場を経験した者ですからあえて申し上げれば、議員と首長とでは明らかに違いがあります。議員さんは何十人の中の一人で自分の支持者に向けて主張をすればいいし、議会という決定権者にもかかわらず、決定に責任を持ちません。はっきり言って、言いたい放題が許されます。しかし、市長はすべてのことに全責任を負います。同じ政治家であっても、ここが、議員と市長との明確な立場の違いです。政治家と言われるのは、実は私はとても嫌でした。あまりにも無責任な議会を見てきたし、市民に顔を向けるのではなく、議会ばかりを気にする市長を見てきたからです。

運動をしてきた者の責任として、市長になりましたが、当初から市長になっても二期八年しかや

＊「石けん運動」　高度経済成長下、都市の川が石油を原料とする合成洗剤の界面活性剤の泡であふれていたことに対抗する運動で全国に広がった。「生活クラブ」は、自然環境や健康に害のある合成洗剤を使わないで、「環境汚染の被害者にも加害者にもならない」運動を展開した。土や水の大切さを通し生産者も石けんを使うようになり、さらに公共施設でも石けんを使うことを訴え、議会に提案する運動に発展した。

らないと密かに決意していました。なぜなら、首長はオンリーワンです。なんといっても権力があるのです。権力も二期三期とやると、対立する側もだんだんこの市長はどういうふうに行くだろうと、見極めてくるのです。本当は、市長の地位を覆したいわけですけど、最初のうちは様子を見る、二期めで大体見定める、そして三期めでみんなが強いと思ったら寄ってくる、というのが普通のパターンです。私の場合、二期めで結構圧勝してしまったので、こいつはたぶん政権長いだろうと周りが見始めたのです。だから私はやはり二期が限度だと考えていました。

それは逗子市の富野暉一郎元市長さん、池子弾薬庫跡地の問題で大変な市民運動の中から誕生した市長さんですが、彼が市長の間、何度も解散だとかリコールを繰り返した市民運動がありました。その富野市長がお辞めになった直後に、個人的にお話をしたことがありました。私は富野さんに大変期待していたものですから、なぜ辞めたのか、とても残念だと話したのです。富野さんは、人間ホントに必死の思いで身体を張ってやるのは大体八年が限度だ、とおっしゃっていました。そのくらい市長という仕事は大変なのです。

ついこの間も彼に会って、何が大変だったかと伺ったら、市民の圧力、すなわち市民運動から市長になっても市民が圧力になってしまう。それから県とか国とも闘うわけで、両方の圧力がかかり、背骨がボキッと音をたてて折れるほどの苦痛だったと富野さんは言いました。それは私も実感しました。それほど真剣に自分の信念を揺るがさず通そうと思うと、揺るがないから折れそうになるのです。真ん中でまっすぐで居ようとすればするほど、抵抗が大きく折れそうになる。人間には限度があるので八年が限度だろうと。逆に長期になると慣れが出てきて、どこかが怠慢、真剣さが薄れていくのかもしれません。それを聞いていたものですから、あ～、八年でいいなと思いました。

そもそも私は市民運動から出ていました。国立駅周辺の景観をめぐってのまちづくりというところから、市民として景観裁判を始めていました。景観裁判は二段階に分かれています。第一段階の裁判は、市長選挙のきっかけになった一九九六年に都と市を相手に私たちが起こした裁判で、高層マンション乱立阻止のために、まちづくりの一環として初めて景観をテーマにしたものです。この裁判から、景観という概念がまちづくりには必須となりました。私は、その最初の裁判の原告団幹事でした。第二段階の裁判は、市長になってから起こった明和マンションをめぐる三つの裁判なのですが、「高さ制限の条例」が認められ、「景観法」を作る契機となる運動となりました。

私は景観裁判の原告団の幹事の一人ということで市長選に出たわけです。ところが、景観のまちづくりを主たる公約として当選したにもかかわらず、就任直後から大学通りの住宅街で高層マンション計画が起こったものですから、市民は怒り、景観問題で大騒ぎになり、国立全体を揺るがす歴史的な闘いが始まりました。任期の半分は景観問題での闘いになりました（章末掲載コラム「首長の政策と賠償責任」参照）。

私は平和問題にも取り組んでいましたので、任期の途中から平和問題で国と闘い、それから住基ネット（住民基本台帳ネットワーク）*でも闘うことになりました。住基ネットの問題が出てきた当初、思い出していただきたいのですが、新聞は毎日のようにあれは非常に危ない問題だと言っていました。もうお忘れかもしれませんけれども、全国の自治体も首長や議会が延期をせよという意見書をいくつも出していましたし、ネットには繋がないと決めた自治体も六自治体くらいありました。でも結局、今残っているのは国立と矢祭町の二つだけです。闘い切れないのです。市民が一緒に支えないと、圧力に屈してしまうのです。メディアも一時的な事件にして、引いてしまうのです。

有事法制の法案が出たときに、私は何度も質問書や意見書を出していましたから、それに対して議会とかともいろいろなやりとりがあって、正直、国や議会との闘いの連続でした。議会とは闘いたくなかったのですけれど、市民の生命財産を守るということは議員と立場が違って、身体を張ってやらざるをえないことがあるのです。市民を守るためには、国とも闘う。そうすると当然見解の違う議会とも闘わざるをえないことになります。もちろん、言ったことには責任を持ちます。そうすると、責任をとれと議会から攻められることになります。私が市長時代は、そうした問題が山積していましたので、結果、信念を貫くために闘いの連続になったのです。

首長は経営者

市長というのは、苦労して納めていただいた皆さんの税金を預かっている立場として、公平に平等にという観点と、それから高度経済成長期と違い、税金が潤沢に入らない時代には、本当に少ない税金をどういうふうに配分するのか工夫するわけです。そうすると、憲法二五条の健康で文化的な最低の生活を保障するというところに関わってきます。誰に今税金を投入しなければいけないか、という課題と、もう一つは将来に向けての整備をどうするのかという課題です。一挙に解決できないので少しずつやっていくことになります。この二つの課題に対する経営感覚を持っていないと、使いたい放題になってしまいます。議員も首長も選挙は四年に一度ですから、選挙をにらんで四年とか八年と区切って自分のための記念碑みたいなものとか、人気を取るために作って、借金だけ増やして将来にツケを残す、なんてことになります。それではいけないわけです。そういった意味での経営感覚、それとバランス感覚みたいなものが首長には必要だと思っています。

たった一期だけですけれども議員をしていた時と、首長になった時では、政治というものの見方がこうも変わるものかと思いました。大変大きなギャップの中で過ごしてきました。

＊「住民基本台帳ネットワーク」（「住基ネット」）　平成一一年の住民基本台帳法（以下「住基法」と記す）の改正により、地方公共団体共同のシステムとして、行政の名簿管理や処理のために各市町村の住民基本台帳のネットワーク化を図った。個人情報の漏洩が心配され、二〇〇二年時点で、国立市と福島県矢祭町など六自治体が接続を拒否した。国立市は、二〇一二年、東京都による接続の勧告・要求、国立市議会の決議などを経て、接続した。

八《や》ッ《ん》場《ば》ダムは自治の原点

いよいよ政権交代*が起きて、不安と期待と両方お持ちだったと思いますけれども、私はやはり政権交代ができてホントによかったと思っています。日本中問題だらけなのに、私もいろんな運動に関わってきましたけれど、闘っても一向に変えられない現実、実は絶望の中で運動をやってきました。国政問題になると、運動にはどうしても客観的な立場になり、理論闘争のような場面が多いのですが、現場にいる当事者にとってはもう死活問題ということがあまりにも多いのです。新しく政権が変わって可能性がガラッと変わってきた、ということで、私たちが運動をやる意味が出てきたので、政治離れからもう一度自分たちに政治を取り戻すチャンスが来たんだろうというふうに思います。

八ッ場ダム**を中止にするという民主党の公約で、マスコミが一方的にあおっています。地元の当事者たちがダム推進に賛成しているじゃないかと見ている方が多いかと思いますが、私は二五年前からダム建設反対の支援で八ッ場に行っていました。市長になって自治をやろうと思ったきっかけは実は八ッ場に行ったことだったのです。それはなぜかというと、二五年前ですら賛成する人たちが増えていたのです。四〇年以上の闘いの中で、最初はみんな自分たちの村が沈むわけですから、大反対でした。村をあげて激しい闘いをしていました。その間に、作ろうとする側は、財政を圧迫して来るんです。「道路を作ってあげない」に始まって、古くなった公共施設の建て替えをしたいとか、修理をしたいというときには補助金をもらうわけですが、補助金をくれないんです。だんだん財政が苦しくなっていくから、こんなに頑張っても何もしてもらえないし、まちはどんどん寂れていくわけですから、もう頑張ってもしょうがないじゃないか、となっていく。

一方で個人に支払う補償金を吊り上げてくるわけですから、補償金をもらって不便なところから少しでも便利なところに行こうよって、子どもから言われちゃったりすると、もともと大変不便なところに住んでいらっしゃるわけですから、反対運動から一人抜け二人抜けしていく。すると、だんだん結束力がなくなっていきます。そして、内部でいろんな喧嘩が始まります。あいつは補償金をいっぱいもらって土地を捨てたとか、お墓を新しくして補償金をたくさんもらったらしいとか、村の中がばらばらになっていきます。今まで政府は、公共事業をやると決めたら、三〇年、四〇年かけて村をつぶしていくだけでなく、人の気持ちもつぶしていくのです。

＊「政権交代」　二〇〇九年八月三〇日の衆議院選挙で民主党が三〇八議席を獲得し、九月一六日に民主党党首、鳩山由紀夫を総理大臣として、社民、国民新党との連立内閣が成立。一五年ぶりに非自民党内閣となった。

＊＊「八ッ場ダム」　群馬県吾妻郡長野原町川原湯地先に建設が進められている多目的ダム。一九五二年に計画が発表され、二〇〇九年の総選挙の時民主党の選挙公約（マニフェスト）にダム中止が掲げられた。しかし二〇一四年、工事は再開された。

ダム問題全国連絡会の水源連で事務局を長いこととしていたものですから、全国のそういうダム計画の地域の人たちと交流しながら支援をしてきて、その悲惨さをずっと見てきました。それがなぜ首長になることと結びつくのかというと、そんな不便なところでも、人々は暮らしていたいんですね。山奥で不便なところです。何も苦労してこんなところでと思うようなところです。でもみんな故郷で暮らしたいんですよ。コミュニティはあるし、歴史があるし、先祖の墓だってあるし。暮らしたいと思って営々とやってきたのに、国策でそこに住んで来た人たちの気持ちとは関係ないところで、一方的に決められてしまうのです。ダムに沈むということは、これまでの歴史もすべてをなきものにするということです。もう決めたからと上からあっさり人の暮らしを切ってしまうのです。それはどんなに反対しても、国の政策は曲げられなかったのです。

八ッ場ダムは、ダムに沈む村があるというだけではなくて、その源流の吾妻川は、もともとは草津温泉のお湯*が流れ込んだ川ですから魚も住めない強酸性です。その水を中和するために中和剤を投入し、沈殿させるための貯留ダムとして、八ッ場ダム予定地の上流に品木ダムを一九六五年に完成させました。中和剤の石灰を入れると沈殿物がどんどん溜まります。品木ダムはその沈殿物を含むために、グリーンに牛乳を流したような不気味な色をしています。品木ダムで沈殿物を沈めさせ、中和した水の上澄みを吾妻川に再び流すのです。品木ダムでは大量に発生した沈殿物を取り除くために、一年の半分は浚渫《しゅんせつ》作業をしています。引き上げた泥を水切りして捨てなければならないわけで、その結果、第二次公害が起ります。私が行ったときにはそれを山の上に捨てていましたが、黒い泥が山肌を流れ落ちていました。そんな怪しげな水を、村を沈め、美しい渓谷を沈め、東京都民の飲み水にしようというのですから、私たち都民は八ッ場の人たちの加害者になるわけです。

一〇〇年の計で作った相模ダムでも、泥がたまって浚渫していますが、取り除いた泥の捨て場所に困って、このごろは閉鎖したゴルフ場に目をつけて捨てています。ゴルフ場の周りの谷間を埋めて、当時の建設省の人がこういう説明をしました。「皆さん山に第二の土地ができました」と。谷間だったところにダムから引揚げて水切りした土を捨てたので、平らな土地ができるのです。分譲地にでもできると思ったのでしょうか、「環境再生です」と言いました。ところが、再生のためにたくさんの木を植えたのですが、皆枯れてしまう。水の底に沈んでいた土は、普通の土壌と違い微生物も違うのか、育たないのです。死んでしまった土の再生は半端なものじゃない、というものの事例を見てきました。

品木ダムから引揚げた泥が公害を引き起こしているということも、国は隠していました。八ッ場ダムは最初の建設計画で建設費は三〇〇〇億円といっていたのです。それが移転先の地盤強化や周

＊「草津温泉の湯」　草津温泉は酸性低張性高温泉で、ｐＨは2前後。強酸性のために品木ダムを酸性中和施設とした。

辺の地滑り対策などで、今や七〇〇〇億円以上になっています。いずれ一兆円にもなると言われていますが、エンドレスです。しかも東京のための水瓶です。東京の水が足りないから必要だというのですが、水道局のHPを見れば最近は地下水を日量約四〇万トンくらい飲んでいることもあり、東京の水は余裕があります。そういう水源を放棄して、土木事業をするために八ッ場ダムの計画を作りあげたのです。

日本では、公共事業はすべて土木事業です。農業といっても農業予算の何一〇％かは土木事業で、土地改良とか、農道を作るとか、ある予算では飛行場を作る計画まで入ってましたね。日本中が土木事業を中心に政治がある、つまり、政治が経済界のためにあって、そこから出てきたプロジェクトでみんなの生活がつぶされていくという仕組みになっているのです。私は八ッ場に通いながら、この人たちと一緒に闘う、東京の水のためならダムはいらない、東京の人は地下水を飲み続けようよ、という運動をやりました。その運動をやりながら、自治ということを考えました。自分たちの水は自分たちで管理するとか、他所の暮らしをつぶすのではなく、自治という自分たちのことは自分たちで管理するシステムを作りつつ、責任をどう持てるかということを、もう一回きちんとやりたいと思いました。だから八ッ場の問題は私にとって自治の問題でした。その意味で、今回の政権交代でぜひ八ッ場ダムの建設計画を辞めて頂きたいと思っています。

2 「まちづくり」に自治力を生かす

次の世代のために

八ッ場ダムの見直しのように、これからいろいろな大型事業の見直しが始まると思います。そのとき大事なのは、八ッ場の人たちが今更なんでストップするのか、推進してくれよ、あんなに反対していた時には支援してくれなかったのに、と不満を持つと思います。熊本県の川辺川ダムも同じですが、いろいろなところで、いろいろな問題が出てくると思います。そこでもう一度立ち止まって考えなければいけないのは、八ッ場の人たちが人生をかけて止めようとしたのは、きっと先を見ていたからだと思うのです。子孫、子どもたちのためにここは大事な場所、先祖から受け継いできたものをつないでいきたいという思いが、最初はあったはずです。だから、私たちがもうここまできたのだからあきらめようというのではなく、ここまできたけれども次の世代のためにこれは本当に必要なのか、というところにもう一度立ち返らなくてはいけない。そういう力を持っていないと、そこで生活している人たちのことを考えないで立てられた計画ですから、やった側の勝ちになってしまいます。

実は、国も財政難になり、ようやく幾つもの公共工事の見直しが始まっていたのですが、いつの間にか復活の話が起きています。小泉純一郎さんが首相の時に公共事業の見直しということから、道路特定財源を一般財源*にしようという議論が始まりました。やっとそういう時代が来たかなと思ったら、県知事とかその地域出身の国会議員なんかが公共事業を復活してくれと言っているそうです。もう情けないったらないです。

宮崎出身なのであんまり言いたくないのですけれど、東国原英夫知事が、道路を作ってくれと言ってます。歴史的三代悪法の一つと言われている、大幅な規制緩和によって全国の開発を進めさせた「リゾート法」に真っ先に宮崎県は手をあげ、それまで、住民に枝一本手をふれさせなかった防風林の松林の松を一〇万本伐採してシーガイア**という巨大観光施設を作りました。これまでシーガイアを中心にどれだけ道路を作ってきたことか。そのために宮崎県は破産寸前まで行ったわけです。そのときになぜ生活道路を作れなかったか、なんです。そういう反省をきちんとしないで、今生活道路がないから作ってくれという話ではないだろう、と思います。

新しい政権（民主党政権）もわれわれも、実はやっと主権というところに、地方とか国民の要望というところに、政治が向き合い始めたわけです。国民をきちんと政治に向かわせるには、自治という視点をちゃんと定める必要があると思います。私たちが、自治力のある政治を見極められるような人間にならなきゃいけないだろうと思っています。

広島県福山市の鞆《とも》の浦、ご存知でしょうか？　宮崎駿さんが「崖の上のポニョ」の構想を練ったという場所です。鞆の浦景観保全***のために住民が市を訴えていた裁判で、住民側が勝訴したことがテレビで報道されました。住民は大変な思いをして裁判をやってきましたが、市長さんは控訴するそうです。昨年は市長さんを変えるという選挙の応援を頼まれ、鞆の浦に行ったのですが、他市から見たら考えられない、「なにこれ？」というような公共事業です。

今年、福山市役所で、鞆の浦の総合計画を見ました。そこには、福山市は観光立国をめざすと書かれてあって、鞆の浦は歴史的な港の町並みを残した観光の目玉商品だ、と基本計画に書いてあるのに、港内を埋め立て、架橋で町並みを壊すような計画を市がやろうとしているわけです。行政は

＊「道路特定財源の一般財源化」　道路特定財源とは、揮発油税、軽油取引税、自動車取得税、自動車重量税を道路の整備、維持・管理の目的で受益者が負担する税制度。一九五三年に田中角栄らの議員立法で成立した。二〇〇一（平成一三）年小泉内閣の骨太の方針によって、平成二一年度から一般財源化された。

＊＊「シーガイア」　一九九四年に宮崎市に総事業費二〇〇〇億円で第三セクターによって建設された世界最大の室内プールを含む観光施設。二〇〇一年に会社更生法を受け、アメリカ資本に売却された。

＊＊＊「鞆の浦景観保全」　広島県福山市の瀬戸内国立公園内、鞆港の街路は江戸期の常夜灯などが残っているが、一九八三年に浜を約2ヘクタール埋め立て、道路と架橋建築を県・市が計画（原案策定）したのに対し、住民が景観を守る訴訟を起こした。二〇〇九年、広島地裁は住民の請求を全面的に認めた。二〇一五年、高裁は県の埋め立て免許申請、原告側に訴えの取り下げを提案。二〇一六年二月、共に受け入れ、訴訟は終結した。今後は県が示した「代替案」の検討が焦点になる。

土木事業から抜けられないと言われる典型のような事例です。辛いのは、半分以上の住民がその事業に賛成していることです。よそ者から見たら考えられないようなことが、地元にいると見えなくなっている。市役所の人の言い分は、自分たちが作った意向だと思いますけど、住民の意向がすべてですから、とおっしゃる。確かに推進派の人が残念ながら半分以上います。だから今の推進派の市長さんも再選されたわけです。

各地で紛争になっているまちづくりの問題は、実は、行政の手続きとしては公開し説明もされているはずですが、ふだんは皆さん無関心でいるために気づかなくて、自分の家の前にビルが建つとか、道路ができるという事態になって初めて問題視し始めるのです。まちづくりというのはやはり他人事ではなくて、自分たちの問題でもあるし、子どもたちの問題でもあります。そして、地域の将来に自分たちがどういうふうに責任を持っていくか、ということに思い当たると思います。そういった意味で、この「女政のえん」という活動はとても重要だと思います。私も生活クラブ、それから生活者ネットワークというまさに女たちが政治をやるというところで鍛えられてきました。そういう活動がベースにあって市長を務めることができたのだと思っています。

憲法にこだわる

いろいろなテーマで講演などによんでいただきますが、必ず憲法につなげながら話をすることにしています。その理由の一つは個人的なものです。私の誕生日は一九四九年五月三日で、二回めの憲法記念日でした。父が大変喜んで公子（ひろこ）と名づけました。もう一つの理由は、憲法が地方自治を大切にしているからです。

安倍政権の去年（二〇〇八年）、一昨年は、国民の大きな反対運動の中、強行採決という世界にもまれな強行手段で一七本の法律が作られ、その一つに国民投票法*もありました。国会でも不備が指摘され、一八項目に関して付帯決議が付されました。その不備を十分に調査するために、施行まで三年間凍結されましたが、いよいよ来年からいつでも憲法改正についての法律が動くという事態になりました。賛成・反対いずれにしても一人ひとりの投票の如何によって、日本の国の骨格である憲法が決められるわけです。憲法改正の発議権は国会にありますが、決定権は国民にあります。一人ひとりが責任を持って憲法改正についてイエス・ノーを言えるためには、憲法は棚上げして守るもの、拝んでいるものではなく、国民のものとしてどう使っていくのかという経験をふまえて判断していくことが必要です。そのためにお話をするときには、いつでも、どこでも、少しでも憲法にふれた話をすることにしています。

---

*「国民投票法」二〇〇七（平成一九）年五月一八日に成立した法律。日本国憲法第九六条が求める憲法の改正に必要な手続きである国民投票に関して規定した。

憲法で皆さんが学ぶのはに三原則といわれる平和的生存権、基本的人権、国民主権です。これがなんで三本柱になるかというと、前文にしっかりと書かれています。憲法については、手軽なブックレットの解説書がいろんなところから出版されています。私はずい分汚くしていますが、いつも三冊ほど持ち歩き、議場にも必ず持ち込みました。憲法は何を言いたかったのだろう、と考えるためです。いろんな事例で議員が質問するとき考える材料として、いつもバイブルみたいに置いて、自分の立場をゆるぎないものにするために大事に読んだ愛読書です。

前文の三原則の中に、平和運動をしている人が必ず使うところがあります。「政府の行為によって再び戦争の惨禍が起こることのないようにすることを決意し、ここに主権が国民に存することを宣言し、この憲法を確定する」というところで、平和主義とか国民主権とかが言われています。「政府の行為によって再び戦争の惨禍が起こることのないように」ということは、戦争は政府が誤って起こしたといっているのです。それは象徴的であって、実は憲法が訴えたいことは、政府が誤ることがあるということを前提にしなくてはいけないということです。

戦後ずっと、日本の政体は揺るがないで来ました。いろいろあったにしても、初めて歴史的に政権交代が起ったと言われるゆえんはそこにあります。そして、政府ってほとんど正しいというか、政府に依存していれば安心というのがあったと思います。だから農業だってこれほどつぶされても農家の人たちは同じ政府を選んできた。運動している人は反対するけれど、大概の日本人はそれほど政府が誤ることはないと思っています。

しかし、憲法の前文が言っているのは、政府は誤ることがあるということです。それを糺すのは皆さんですよ、と述べて「主権が国民に存することを宣言し」ているのです。これはとても重要です。主権者である国民の力量が政府に反映するというのです。ここまでずたずたになって、なんとひどい政府だって怒るのは間違いで、ずたずたになるまでほっておいた国民にも問題があるということなのです。主権者であるという意識が働いていなかった、その自覚がないということだと思います。

憲法のもう一つの柱である基本的人権については、一一条と九七条の二つがあります。九七条はとても大事です。第一〇章の最高法規で述べられているのですが、「この憲法が日本国民に保障する基本的人権は、人類の多年にわたる自由獲得の努力の成果であって、これらの権利は、過去幾多の試錬に堪へ、現在及び将来の国民に対し、侵すことのできない永久の権利として信託されたものである」とその本質が書いてあります。ここにすべてが込めてあると私は思っています。

苦労して獲得した基本的人権は、いかなることがあろうとも、われわれだけではなく将来の子どもたちに対しても保障しなくてはいけない永久の権利なのだと書いてあるのです。憲法改正論争が二、三年前盛んに行われて、各党から改正案がいろいろ出されました。そのとき自民党がとんでもないことを言い出した。あまりにもみんなが人権や自由を謳歌しすぎたから少し規制をしなくてはいけないとか、自由についても義務を課さなくてはいけない、と。改正を言う人たちは基本的人権の大事さがわかっていない、と言いたいのです。

自由を獲得するために、基本的人権という権利を持っているのですが、権利というものは成長するものです。成長という言い方は変ですけれども、幾多の試練の中でわれわれが獲得し、鍛えていかなくてはいけないものです。これからもいろいろな試練を経験しながら権利として認められていくように働きかける必要があります。たとえば、知る権利というのは最近までありませんでした。一方で情報公開とか個人情報の保護などは、今ではもう当たり前になりました。しかし、知る権利という文言を国はなかなか言いませんでした。地方の自治体で情報公開条例が作られ、全国各地で条例が作られるようになって、ようやく国は法整備をしたのです。なぜ権利の拡大を政府が嫌がるかというと、権利になると侵害された時に必ず補償問題が出てくるために認めたくないのです。

たとえば「環境基本法」があっても、いまだ環境権といわないのは、環境権で争ったときに、どの人を対象にするのかとかいくら補償するのだといった難しい問題が発生しますから、権利はできるだけ認めないというのが、政府の立場です。権利、それは自分たちが民主主義社会の中で試行錯誤をしながら獲得してゆくものです。憲法というのはこまごま書いてはないけれど、私たちがめざすべき道は、基本的人権をベースにしながら、その方向性を膨らませていくことです。

憲法が唯一われわれ国民に要求しているところがあります。一二条です。憲法は本来、国・権力者に対して権利の保障を要求しているのですが、一二条は「この憲法が国民に保障する自由及び権利は、国民の不断の努力によって、これを保持しなければならない」という文言です。だから誰かに預けておいて、「やってね政府、お願いしますよ、憲法に保障されているのだからやって下さい」というようでは駄目です。国民が一生懸命自ら努力する中で、自由という権利は獲得されていく、だから頑張りなさいと、憲法が唯一国民に要求しているのです。自由と権利はあなたたちの力に掛かっています、と。そこを私たちがどういうふうにやっていくか、考えなければいけないと思います。憲法の言っていることを実感として自分たちのものにする場が、実は地方自治なんです。

憲法にうたわれた地方自治

私は憲法の骨になっているのは三原則、「平和主義」「基本的人権」「国民主権」だけではなくて、さらにプラスワンとして「地方自治」があって日本の憲法は成り立っている、と考えています。これは憲法学者でない私の独自解釈です。日本国憲法は第八章を「地方自治」として、わざわざ章を立てています。こういう憲法はほかの国にはほとんどないと思っています。多分英文では「ローカル・セルフガバメント」になっていると思います。ちょうど地方分権*が話題になって盛んに議論されていたころに、法政大学大学院のゼミでそのことを学びました。当時は三割自治と言われていましたから、政府の分権の懇談会で言われていた地方と国が対等だなんて、実感としてはほとんど考えられないと思っていました。でも、憲法では最初から対等になっています。

ローカル・セルフガバメントですから、中央のガバメントと地方のガバメントがあって、本当は棲み分けをして、国という全体を作っているということになっていたはずです。ところが、自治体の規模に関係なく一律の、しかも詳細な国の基準が作られて、その基準に合った施策にだけ補助金をつけるという中央集権的な政治をやってきて、それを地方も認めてきたものだから、気がついたら、土木事業、建設事業依存の大借金の国になってしまいました。小泉内閣ごろからの議論は、地方分権などとかっこいいことを言っていたけれども、それは、国の財政が借金だらけで危なくなってきたから地方に乳離れして独立してね、と分権と称して権限をわたす話になったのです。

本当に分権と言うならば、税金は国民からもらっているのですから、地方の裁量で自由にできるお金を先に渡すべきです。税源を配分し直して権限を渡すべきです。しかし、地方は先に権限だけもらってしまいました。要らないものをいっぱいもらいました。権限はもらっても、それに見あう税収は配分されないために、自治体負担で行わなければなりません。ということは、ただでさえ経済の長期冷え込みにより税収入が減少していて台所が火の車なのに、権限を委譲されれば、その事業費と人件費を増やさなければなりません。議会は、行革、行革と言って、人件費削除を要求するばかりでしたから、お金がつかない権限はホントにいらないと思いました。

中央政府は地方にお金を出せなくなったから、三位一体改革**という話が出てきたのです。国庫補助金を削る、それはいいと思います。今まで補助金は国が使途を定めるひも付きでした。ということは国の基準を満たすことを条件に補助金が出されるということです。たとえば老人施設を作るという国策にしても、多くは財政規模が原因で地方によって随分格差があって、思うような福祉施設がなかなかできない。だったらナショナルミニマムで、できるだけ質が均等で平等に行きわたるように、と補助金で国策を進めることも一時期は必要でした。でもその後、補助金がとんでもないことになっていきました。

さきほどもお話ししましたが、国の基準は人口五千人の小さな町も二〇万人の町も同じで、基準以上の施設でないと補助金は出さないと言われる。つまり身丈に合わない立派なものを作らされることにもなるわけです。しかも補助金は五〇％程度ですから、半分は地方自治体の借金になります。市長になってからの話しですが、職員が「市長これ補助金もらいましょう」と言う。「もちろん補

＊「地方分権」　二〇〇〇（平成一二）年一二月に、地方分権一括法が施行され、二〇〇六（平成一八）年地方分権改革推進法が成立。地方分権改革推進委員会が設置され、国と地方双方の責務、役割分担や国の関与の在り方について見直しを行い、これに応じた税源配分等の財政上の措置の在り方を検討することになった。その後、第二次分権改革が行われ、二〇一四（平成二六）年通常国会に第四次一括法が提出されるなど、改革は継続中。本書、西尾論文参照。

＊＊「三位一体改革」　二〇〇一年小泉純一郎内閣により、「聖域なき構造改革」と称して、国庫補助金改革、税源移譲による地方分権、地方交付税削減による財政再建の三点をセットで行うこととした改革なので、三位一体改革と呼ばれた。本書、西尾論文参照。

助金もらわなきゃできないわね」と言いますが、職員はもっと補助金がもらえるから上乗せでこれもくっつけてやろうと、次々と何かをやりたがるのです。より多くの補助金をもらうために必要でないものまで作ろうとする。それが職員の腕の見せ所でしたし、その補助金を引っ張ってくるのが議員の集票のための仕事と思っている人が多かったのです。ですから地方の交付団体*になっている財政力の弱い市町村でも、驚くほど豪華な建物が見られるのも事実です。

私はいろんな市長選に呼ばれて応援に行きました。観光で行ってもまちの一部しか見えませんが、市長選だと選挙区の隅々まで車で回ります。岩国市でも九日間貼りつきで井原勝介市長と一緒に回りました。山奥の奥まで行くので、地域のことがすごくよくわかります。岩国市は八市町村が合併して、山口県の中で一番広い市になっていました。しかし、実質吸収合併された小さな町村は、合併前にはどんなに財政疲労していたかよくわかります。どう見ても身の丈に合わない建物がごろごろ転がっているのです。

岩国でびっくりしたのは、通りがかった村に「子ども館」というとても立派な建物がありました。子ども何人いるのって聞きたいくらい小さな村で、誰も使っていないような建物でしたが、先ほどもお話ししましたが補助金があるから作れるのです。借金が大変でしょうと言うと、国が裏負担**をしたと言うのです。補助金は五〇％で残りは借金なんだけれど、そのうちの四五％以上は（地方交付税）交付金の中に入れてあげると言われたのだそうです。裏負担も含め、建設費の九九％が補助金という公共施設も見ました。一〇〇億円の事業が一億円出せば作れるとあれば、飛びつきたくもなります。結局誰のためかというと、業者のためです。その結果、作った後の維持管理費は自治

＊「交付団体」　国が地方公共団体の財源の偏在を調整するための交付金を国から受け取っている団体。不交付団体は、東京都と四八団体（平成二五年度）。その多くは原発がある市町村である。

＊＊「裏負担」　国からの補助金は、国の施策に直接・間接に寄与する事業に対して行われるものであるため、補助金（義務的補助金と奨励的補助金の別があるが、ここでは国が進めようとする方向に適う後者の場合について述べる）の交付を受ける事業には、通常地元の負担が伴う。これを「裏負担」という。しかし、現実には裏負担二分の一という場合でも、地方自治体がそのまま二分の一を自主財源でまかなうわけではなく、「裏負担」をめぐっては制度的な問題としてこれまで様々な指摘がなされてきた。より多くの補助金を得るために国の基準に合わせて身の丈以上の箱モノを作るとか、国の基準が地方の実情に合わず経費などが低く抑えられ事業に無理が生じるなど（保育所建設をめぐって起こされた「摂津訴訟」などの例。一九八〇年訴訟手続き上の行き違いとして摂津市の控訴は棄却・結審をみた）。また、財源の不足分を地方債の発行に求める際にも国の後見的監督下に置かれてきた（分権化推進の動きと共に、二〇〇六年から起債については、一応許可制から協議制に移行した）。特に、起債の利息分を自治体の「基準財政需要額」に含めてよいかどうかが、国の裁量で決められたこともあって、上原さんの指摘のように「裏負担」分を地方債にして事業を行ない、起債の利息を基準財政需要額に入れてもらう、という事例もあちこちで見られた。いうまでもなく、基準財政需要額が大きくなると、基準財政収入額（算定の仕方についての説明は省略するが）との差額として決まる地方交付税の額がふえる仕組みになっている。自治体にとって魅力的な選択肢が、赤字体質を助長した側面であることがわかる。

体負担ですから、利用者もないのに管理費だけで大赤字になります。

　こういった立派だったり大きな施設を持つほど、借金がふえていく自治体が少なくないわけです。その典型が自治体破産をして話題になった夕張市です。急に分権ということになったので、裏負担分がぷつっと切られ、表借金になってしまいました。だから大変なのです。その後、維持管理できなかった施設の身売りのような、民間に経営を任せる指定管理者制度が作られましたが、大赤字の施設を引き受けるところなんてありません。

　補助金のひも付きを止めるのは余計なことをしなくなるから、いいことです。本来は、補助金制度を変えて、自治体の自由裁量で使える包括的交付金とか、詳細な基準を設けず自治体の規模で独自に判断できる補助金とか、税金の地方への配分方法を変えなきゃいけない。北欧で昔、フリー・コミューンと言って地方分権の実験がありました。日本とまったく逆で、税金の配分を変えて、地方ですることと国ですることとの棲み分けをきちんとして、一番生活する人に近いところは地方政府でやりましょうと、フリーハンドに使えるお金を先に渡したわけです。ところが、権限がないから権限もよこせと言って、フリー・コミューンの実験を始めたのです。

　日本では、政府の人たちや東京都の人たちが地方分権が始まったときに何を言っていたかというと、権限やお金を渡してフリーハンドにすると、自治体は何をしてよいかわからなくて、ぐちゃぐちゃになると言ったんです。そんなことないです。馬鹿にしていますよ。それは、自治体が独り立ちしないように育ててきたからなんです。補助金、マニュアルも全部つけて、この通りにやれば立派なものができますよって、やってきたので、職員もそのマニュアルどおりにやろうとしてきたのです。

知恵と工夫の時代

地方分権の時代になって地方の競争が始まり、知恵が働き工夫ができる職員のいる町ではいろいろ面白い事業ができるようになりましたね。日本人は視察が好きなのでしょうか。国立の職員も議員もそうでしたが、あそこの町で面白い取り組みをやっていると評判になると、ドッと視察に行くんです。議員はあそこがやっているのだからうちでもやれって言うし、職員もいろいろ資料を取り寄せてやろうとするのですが、結局、よそのまちの取り組みのコピー版をやっても、自分の町に合わないことが少なくありません。

国立はお金がまったくなかったので、職員研修にもなかなか出せなかったのですが、近場でいい施策をしている自治体を調べて、私も一緒に行きました。「行くよー」と言って、希望者を募って、市のマイクロバスで一日見て帰ってこれる範囲の視察です。

たとえば、武蔵野市で、０１２３という子育て支援の事業がずいぶん昔からあって、とてもいい事業です。就学前の親子のための広場です。私は以前から見たかったし、やりたかった事業なので職員と一緒に見に行きました。半日くらいいましたけど、お母さんたちが来て、みんな楽しそうにしているので、「やりたいね」と職員に言うと「お金掛かるから」と答えるのです。確かにそこは廃園になった幼稚園を使って、年間の運営費が億単位でかかるような事業でしたから、とても国立ではできません。参加している親子に「どこから来たの」と聞いてみると、自分の町にないからと、ずいぶん遠くから来ていました。たとえば、世田谷からとか。

ショックだったのは、「国立から来ています」という親子がいました。国立からこんな小さい子どもを連れてここまで来なくちゃいけない、これはやはり問題で、「国立にも作ろうよ」と言ったら、また「お金がない」で思考停止してしまいます。お金がなければ知恵を出せばいいじゃないですか。でもいつも縦割りで考えるから、知恵が出ない。私は縦割りじゃないというか、普通の人だから、〝あら余ってる部屋さえあればいいのよ〟と思うわけですが、「福祉関連で部屋の余裕はない」と言うのです。

それで、私は市の施設をあちこち回って、部屋がないかと総点検して、「ここはもう少しこうすれば空くんじゃない」と言うと、職員は「いや、使います」と言う。民間では当たり前のことですが、稼働率の悪いのは税金のムダ遣いだから、部屋を全日稼働できるように工夫をしようと考えます。しかし、行政の施設は目的に対し補助金が出ているので、職員は目的外使用は認められないと考えるのです。幸い、就学前の親子の遊び場は職員が頑張ってくれて、保健センターの一室を空けてもらい、事業を開始しました。

始めたら大変な人気で、小さい部屋に毎回一〇〇人ぐらい押しかけてくる始末。そこで、地域ごとに事業を展開するために、地域にある児童館、学童保育室、公共施設などを活用して、横断的に事業をしようとしました。たとえば福祉の児童課と教育の子ども関係の課と一緒にやろうとすると厚労省と文科省の違いで、絶対にできないと職員は主張します。同じ福祉の児童館と学童保育所*ですら一緒にやろうとすると、管轄外だと拒否反応が出てきます。結局、半年くらい職員と議論をして説得するしかありません。何とも職員は法令に忠実なんです。

子どもの立場からみれば、学校に併設されている学童保育所に行っている子どもは一日中、学校

＊「児童館と学童保育」　児童館は、地域の不特定多数の子ども（〇歳から一八歳未満）の余暇活動の拠点として、健全な遊びを提供することを目的とするもの（児童福祉法四〇条）。基本は屋内型の施設であるが、規模はさまざま、遠隔地でのキャンプ活動などを含むこともある。遊びの指導をする専門職員を配置し、全国に四三〇〇カ所ほど。学童保育は、日中保護者が家庭にいない（保育に欠ける）小学生児童（おおむね一〇歳未満）を対象に、授業の終了後適切な遊びや生活の場を与え、健全な育成を図る保育事業（児童福祉法六条3・2項）の通称である。学校内に併設されることが多く、利用は登録制。全国に二万二〇〇〇カ所以上（二〇一四年）あるが、それでも地域によっては申請が殺到し、待機児童が生じている。なお、次世代育成支援対策推進法に基づく児童福祉法改正もあり、「放課後児童健全育成事業」の実施ということで、地域によっては児童館との併設例も見られる。

▲始まった就学前親子の遊び場

にいなければいけないので、学童保育所に来ていない友だちとは一緒に遊べない。かわいそうです。また、学童に行ってない子にとっては、学校という空間が一番安全なんです。一緒に広々としたところで友だちと遊びたいと思っています。だから「そういうアフター・スクールをやろうよ」と言うと、余計な仕事が増えるし、責任問題が出てくるので、先生も抵抗する、職員も抵抗する。とうとう私は条件を出しました。「じゃー、PTAも一緒にやりましょう、子どもの遊び場、見守りも含めて、学童の指導員だけに負担はかけられないので、いろんな人で、縦割りじゃなくて横断的に地域の子どもを見るという事業をしよう」と言って、場所提供を要求しました。縦割りの中で補助金をマニュアルどおり使うという訓練を長くしてきた職員は、横割りとか斜め割りとかができなくて、本当は市民の税金を使って市民のために最善の工夫をしなければいけないことを、すぽっと忘れてしまっているのです。

自治の本旨は住民自治

私が市長のときはいつも、新人の職員研修を私自身で三回やりました。慣例では市長は三〇分講話をやるだけでしたが、「講話なんてヘンだから研修をやらせてくれ」と言って、三日間の市長による研修に切り替えました。一回めは国立の歴史と地方自治について、二回めは私の政策について具体的な話しをし、三回めは一緒に街歩きをして、私の宝物発見というのをやります。後は、月に二回、職員と二時間議論をする時間をとっていましたから、「そこにいらっしゃい」と言い、フリートーキングでまちづくりの議論を若い職員と、もちろん年配の職員とも一緒に、続けていました。

職員というのは、採用試験に受かって採用されても、すぐに仕事はできない、法律上そうなっています。まずは宣誓をして初めて仕事ができるのです。宣誓書には、憲法を遵守し、擁護し、地方自治の本旨に基づいて住民のために頑張りますと書いてある。地方自治の本旨に基づいて、というのは憲法九十二条に由来しています。「地方公共団体の組織及び運営に関する事項は、地方自治の本旨に基いて、法律でこれを定める」とあります。これは地方自治の基本原則です。職員は地方自治の本旨に基づいて定められた法律に従ってやりなさい、ということになります。

では「地方自治の本旨」とは何でしょうか？　それは当然のことながら、住んでいる人たちの意向に従って、あるいは意向を反映して、運営をするということです。ですから、住民の意見を聞く、情報をきちんと提供する、すなわち、市民参加・情報公開は当たり前なのです。皆の意見をきちん

国立市新採用職員の宣誓書

宣　誓　書

私はここに主権が国民に存することを認める日本国憲法を尊重しかつ擁護することを固く誓います。

私は地方自治の本旨を体するとともに公務を民主的かつ能率的に運営すべき責務を深く自覚し全体の奉仕者として誠実かつ公正に職務を執行することを固く誓います。

昭和　年　月　日

氏名　㊞

と聞いた上で、運営しなさいと、九二条は書いてあるのです。でも、もっと問題なのは、住民自身がどんなまちに住みたいという明確な意思を持っていないと、反映できない、だから住民自治なのですね。個別テーマでは私もずっとさまざまな運動をやってきて、あれは反対とか、こうしてほしいというような要求はしてきました。でも、私たちは果たして将来にわたってこのまちをどうしたいのか、について全体像を明確に持てているのかというと、なかなかそこまでは行っていなかったと思っています。

3　住民と自治をめざして――国立市の試み

「境界なき市民」がつくったマスタープラン

私が市長になる前の年に、都市計画法が変わって、都市計画マスタープラン、まちの道路や公園といったインフラを中心にした土地利用の長期計画のことですが、マスタープラン作成時には住民の意見を聞いて作るということになりました。市民の意見を聞かなければいけないということになったので、私の前の市長さんがもうすでにマスタープラン作りを一年前に着手していましたが、私になって全部市民参加でやるということにして、途中までできていたのを白紙に戻すことにしました。当然ですが、あと少しで策定ができるところまで来ていたのに、ひっくり返してゼロから出発しますとやったものですから、職員が怒りましたね。表立っては言われませんでしたが、裏ではすさまじかったようです。「何だ、あの市長は！」ということで、〝田中康夫状態〟!? でした（笑）。

私が初登庁のとき、職員と市民が五〇〇人近くで迎えてくれました。東京で初の女性首長だということと市民運動出身だということで、当選時には大騒ぎになり、朝日新聞のトップニュースになりました。初登庁の時にもマスコミがすごく来たので、記憶に残っています。テレビのニュースでは職員がみんなすごく怖い顔をして写っていました（笑）。田中康夫長野県知事の就任のときに、名刺を半分に折った職員がいたというニュースが散々流れた後だったので、表立ってはやらなかったけれど、気持ちの中ではコンチクショーと思って職員は見ていたと思います。それを早速、プランを白紙に戻してとやっちゃったものですから、大騒ぎになってしまいました。これから何が起こるやらと職員は不安だったと思います。

でも、「都市計画マスタープラン」は出発点だと私は思いました。初めて全体像を市民と一緒に描いてみようという、いいきっかけになりました。私としてはチャンスだと思ったので、徹底して市民参加論の話し合いから始めました。

国立は九〇年代になると高層マンション建設が次々と続き、紛争が多発していました。また国立は、大正末期に堤康次郎*が開発したという特殊な歴史を持っていましたから、もともと本村といわれる地域に住む旧住民と開発後に移り住んできた開発地域の住民とが、あらゆることで政治的に分断された街でした。それを一緒にするにはどうしたらよいかと考え、可能な限り実験的に試みようと思い、市民参加といわれる手法はすべてやってみました。そのためにプロフェッショナルな人や、あちこちの自治体のアドバイザーになっている人にも参加してもらいました。国立の最初の試みが大成功だったなーと思うのは、「境界なき市民」、専門家の募集をしたことです。

「境界なき市民」となぜ言ったのかというと、どこの自治体でも注意して見ればはっきりわかるように、市境・区境というのは行政のエアーポケットになっているのです。国立は国分寺に接しているのですが、歩いてみると歩道一つでもここが市境ということが明らかにわかるように変な段差があったりして、地域として一貫した施策はないのです。あくまで行政の境でいわゆるサービスが変わるのです。

地域で暮らすということは、行政境とは関係ないことです。行政境を越えて子どもが同じ幼稚園に行ったり、他行政の学校に通えたりとか、公共施設も最近は相乗りができるようになってきましたが、地域の暮らしには行政境というのはないはずです。また、街には職員よりもずっとプロフェッショナルな人が数多く住んでいます。そういういろんなプロの市民の力をえて、全体を見てコーディネートするのが行政の仕事になると考えて、市の境界を越えてプロフェッショナルと言われる人たちを公募しました。

公募と言っても、もちろんタダですよ。「境界なき市民」という公募を見て、国立って面白そうという人にも来てもらいました。ずいぶん遠くから参加された方もいました。都市計画マスタープランという特殊なデザインをするのも、まずは市民のプロ集団をつくって市民参加論を討論し、実験をするという手法で進めました。国立は人口七万三〇〇〇人の街ですが、なんと一三〇人の専門家の方たちが手をあげて、登録をしてくださいました。

一三〇人というのはたいしたことないと思われるかもしれませんが、その中にはすごく有名なコンサルタントの人たちも含まれていて、よくぞタダでやってくださったと思います。よその町で頼まれたら大変高額なコンサル料をもらえる人たちです。そういう人たちが市民と市民を繋ぐ、市民と行政を繋ぐ役割として、議論を重ねる上で中心になってくれたのです。

国立はそれ以来、市民参加の実験をやる街みたいになりました。やってみなければわからないこともあるし、テーマによって市民参加の形も違うから、市民参加に決まったパターンがあるとは言

＊「堤康次郎（一八六九〜一九六四年）」西武グループの創業者、衆議院議長も務めた政治家でもあった。

えません。あらゆる工夫をし、どんな形だったら参加してもらえるかと、議論をしながらやってみます。まさに市民自身が実力をつけるためのステージ作りを、行政がする。市民同士、議論をして工夫をして、失敗があってもOKです。失敗を重ねないとわれわれは進歩しませんから。一つのことをやって次のステップに行こう。そういうふうに成長していくことを想定しながら、やってみました。市民の手で作ったマスタープランの概要版を全戸配布までして、すべて市民が成し遂げました。まさに市民が自ら街の将来図を描いたのです。

学園都市国立の景観

先にお話したとおり、国立は堤康次郎が大正末期に理想の学園都市として造った街です。一九二三（大正一二）年の関東大震災で壊滅的な被害を受けた東京商科大学（現、一橋大学）が移転先を探していたことから、堤氏が一〇〇万坪の雑木林を切り拓き、国立音楽大学も誘致して学園都市を実現させせました。

国立駅前から一橋大学脇を通る一・二キロメートルの通りを、通称大学通りといいますが、この大学通りの緑地帯には桜とイチョウの木が交互に植えてあります。当時はすごい田舎だったので、一橋大学を誘致してせっかく学園都市を造っても、土地がなかなか売れなかったのです。景気づけに何かやろうと、一九三四（昭和九）年頃、今の天皇が生まれたのを記念して、市民総出でこの桜を植えたんです。だから市民が植えた桜です。昔の人はやはり、自然と共存して生きてきましたから、樹木のことはよくわかっていたのだと思います。桜とイチョウが交互に植えてあって四季を楽しめるようになっています。並木の間隔をゆったりととって植えてありますから、桜もイチョウものびのびとしています。

広い国立駅前の道路

国立駅を起点に幅が四四メートルの道路があります。大正末期に、しかも田舎に幅が四四メートルの道路を設計するというのは理解しがたいのですが、そこが堤氏のすごいところです。本当は飛行場にしたかったとか鉄道を敷きたかったとかの裏話もあるようですが。今車道は一八メートルしかなくて、とてもコンパクトです。両側に車道と同じ幅の九メートル、九メートルの緑地帯があって、残りの四メートル、四メートルが歩道です。四四メートルのうち車道は一八メートルしかないから、駅を降りるとなんて緑の多い町という印象ですが、実際の緑比率は多摩の中では下から二、三番めと低いのです。国立駅前から、両側に九メートル、九メートルの緑地帯が広がっているために、一見国立は緑の多いまちに見えるのです。

緑地帯のおかげで、夏になると大きく育った木の日陰ができて、快適です。お母さんがバギーを引いて歩きたいような市民の憩いの場です。大学のすぐ横には緑地帯があります。私が原告団の幹

▲国立駅前の道路

事として関わった景観裁判のとき、私は証人陳述に立ちましたが、美しい景観だから見てほしいと思い、スライドを持ち込んで映写機二台の連写で裁判所の壁いっぱいにこの風景を映し出しました。それは圧倒的な迫力でした。

この緑がゆったりとしたところが、国立らしいよさです。秋はイチョウがひときわ輝いています。それは日差しがあるから、木漏れ日があるからなんですね。これがビルの日陰ではつまらない。つまらないから有効に使うために「木を切っちゃえ」ということになるかもしれません。木漏れ日のある街、それは建物の高さを抑えてきたからです。

国立の街灯と「桜守」

ついでながら大学通りの街灯はパリのシャンゼリゼ直輸入の街灯です。なぜパリなの、と思われるかもしれませんが——戦時中に一橋大学の学生の学徒出陣の壮行会に、原智恵子さんというピアニストが見えて、ここに降りたったとき「私が住んでいたウィーンにとってもよく似てるわ」とおっしゃったそうです。要するにヨーロッパを彷彿とさせる街並みということですね。たぶん、ヨーロッパの街灯でもおかしくない、少しおしゃれな街ということです。

こういう街をみんなで大切に守ってきました。景観で大騒動になった場所は、以前東京海上火災の計算センターが建っていました。四階建てですから、並木で隠れる高さでした。センターは盛り土をした上に建っていましたから歩道との間にかなり段差があるのですが、そののり面には通りぞいにつつじがずーっと植えてあって、本当に素敵な空間で、国立の景観に寄与するような場所です。私のうちはこの近くにあります。

実はこの場所の前に大学通り唯一の歩道橋があります。国立は景観で大騒ぎになっただけではなくて、一九六九年にこの歩道橋をめぐり、住民は美しい大学通りの美観を壊すものだと裁判を起こします。これが日本で始めての環境権裁判で、このころからすでに「環境権」といって景観にこだわっていたことになります。ところが、その同じ場所に並木の倍の高さのマンションができてしまったのです。これが私の就任中ずっと続いていたいわゆる景観裁判で、並木の高さを超える二〇メートル以上のマンションを除去するという画期的な判決があり、景観法*をつくる運動のきっかけになりました。

▲駅前から続く緑地帯といちょう並木

国立が取り組んだ少し自慢の施策の一つが「桜守」です。桜は昭和九年に植えた桜ですからほぼ八〇年経っていて、

▲大学通りの街灯

▲「桜守」に贈られるバッジ

寿命が来ていました。ウロができて、危なくなっている木が何本も出てきていました。みんなで植えて大事に大事に守ってきた自慢の桜ですから、切るというと市民が座り込みも辞さない大騒ぎになります。本当は新しい桜を植えなくてはいけないのに、感情論で受けつけられないわけです。

そこで、市民の皆さんにお勉強をしてもらおうと、花の木協会というところに頼んで、樹木医さんに一年間授業をしてもらって、それを卒業した人には桜を守る「桜守」になってもらうことにしました。面白いことに参加者に男性が多かったのです。ボランティアだとなかなか来てくれないのですが、お勉強しませんかというと夜の授業なのに反応がよくて、一〇〇人近くの方に桜守になっていただきました。こういう方々は普通年々減るんですが、事業開始からもう七年、逆にふえて今では三五〇人くらいになって、続いています。

写真の「治療中」という桜守の看板でも、市民が作るとかわいいものになります。子どもも加わって、もう看板だらけ、あちこちにたっています。桜の根元を踏みしめると土が固くなって根の働きが悪くなって、肥料を入れても効果がないので、「中に入らないで」と看板で言ってるわけですが、市役所の職員ではこんな素敵な看板は作れません。それだけじゃなくて、市民の知恵というのはすごいと思います。自分たちで肥料も作っています。それを桜の周りに播いて、同時にムラサキハナナの種も撒いています。桜の咲くときに、ムラサキハナナも桜の足元で一斉に咲きます。あまりにも美しいので、みんなが桜守の仕事をほめ、注目します。そうすると、桜守をやっている人たちがうれしくなって、もっとやろう、もっとやろうと、アイデアがどんどん出てきます。

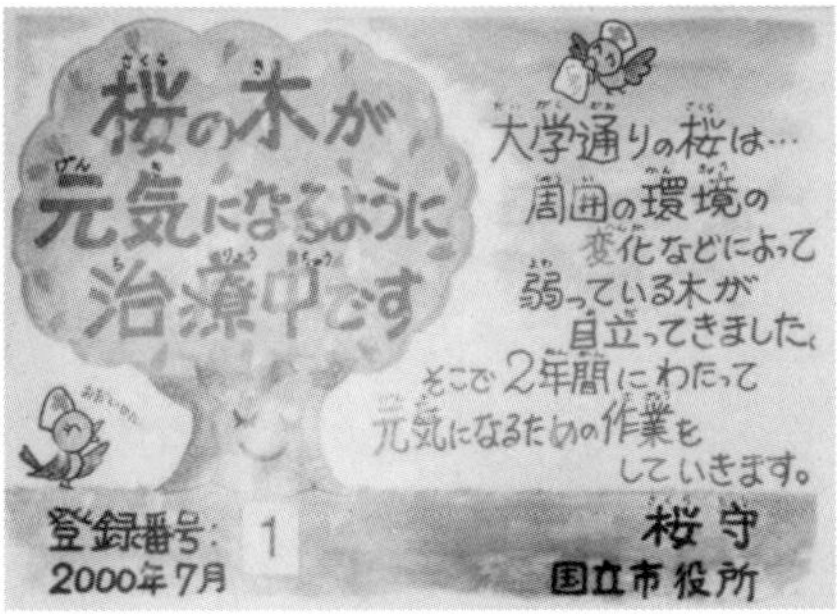

▲市民手づくりの看板

桜守は環境教育にもなっていて、子どもたちにも参加してもらっています。花が終わったあとに種を取るのは子どもたちの仕事、来年また播こうねといって、一緒に作業して楽しむんです。こういう勉強をして自分たちで桜を管理するようになると、桜を「更新」するということにも全然抵抗がありません。桜を切って新しい若木を植えるときには、子どもが植えます。「あなたたちが大人になったら、きれいな花が咲いているから必ず来るのよ」と言

＊「景観法」二〇〇四（平成一六）年六月一八日に公布。景観法の施行に伴う関係法律の整備等に関する法律、都市緑地保全法等の一部を改正する法律と合わせて景観緑三法と呼ばれる。

うと、ふるさとを子どもたちは決して忘れないし、木を大切にします。

こういう楽しい仕事って伝播します。今まで市民は九メートルの緑地帯の管理に対して、雑草が生えているの、木の手入れが悪いのと市役所に文句ばかり言っていました。ところが市民が手入れを始めた途端に、私たちもしたい、させてくれという話があちこちから出てきて、幼稚園児とお母さんのグループ、商店街でやるところなど、次々と現れて来ました。やっている人がいかにも楽しそうでうらやましくなるからです。特定の人たちだけではなく、年間管理計画を作って、一・二キロぐらいありますから、企業にも参加してもらってみんなで楽しめるシェアリング、共同作業の場にしよう、ということにしています。これは本当に喜ばれていて、だんだん成長していっています。

▲子どもと一緒に木々の手入れをする大人たち

今の事業を国立で始めて二年めくらいに、毎年開催されている全国の桜のシンポジウムを国立でやりました。すべて市民の実行委員会の人にやってもらったので、もちろん市も協力しましたが市民が全部手作りで実施しました。桜の会の人たちに「市民で全部やったシンポジウムは初めてだ、すごいね」と言われました。「桜守」のみんなのおかげです。もともと国立音大があったので、音楽をやる人が多いので、桜の周りで合唱や演奏会をと、街角コンサートの企画もしました。

進歩・成長する参加の輪

また、公園協力会というのを作って、市民に公園の管理をいろいろ協力してもらっています。

▲「志水さんちの草木園ものがたり」の看板

「志水さんちの草木園ものがたり」という公園があります。志水さんという方の家だったのですが、亡くなって遺族の方から貸してくださる、市で使ってくださいという申し出がありました。木がたくさんある庭だったので、ご近所の市民の皆さんに好きなようにデザインして管理してもらおうと、お願いしました。桜守の経験をしているので、皆さんの公園にした方がいいねと、話し合いました。皆さんが、木がたくさんあるところだから、木はそのままにして草木園にしようということで、ご近所だったけど初めて出会ったような人たちが、ここの設計をするところから取り組んだのです。ご近所の年配の方が子どものためにといって、自分で水盤と金魚を持ってきたりします。持ちよりです。もともとここは井戸があったので、近所に住んでいる大工さんが井戸に雨除けの屋根を作ってくれました。門も作ってくれました。大工さんが「いい門作ろうぜ」って、屋根つき門まで作ってくださって、みんなが自慢できるような手作りの公園になりました。

ヤクルト研究所の崖の下に木道があって、散歩のできるところだったのに、いつの間にか木道はぐずぐずに壊れ、雑草が生い茂って、もう使えなくなっていたんです。そこでボランティアを経験したたくさんの人たちが「ここも整備しようよ」って言って、職員と市民で協力して木道の再生事業をすることにしました。木道も自分たちで設計して、もちろん費用は市が全部出すんですけれど……。

ヤクルトは国立で唯一の企業です。ヤクルトの研究所というのは世界中にありますが、新しく国立を拠点に集中させるという会社の方針で、研究所を高層に建て替える計画が起こりました。ヤクルトから設計計画の説明を受け、常務さんたちとも何度も議論をしてきました。崖の下を生かした、緑の回廊があるところを企業と共存できるものにしたかったのです。国立ではわずかに残った自然環境のよいところにある研究所だったものですから、私は二つのことをお願いしました。一つは「周辺に大きくなる木を植えてください、森の研究所にして外から見えにくくしてください」ということ、二つめは「ハケ*のところからセットバックして、散策道路の空間を広くしてください、そして自然と共存して、むしろ自然の中で貢献する企業というイメージでやってください」ということでした。その森の研究所のアイデアを社長さんがすごく気に入ってくださって、木道づくりに社員も協力してくれることになりました。ヤクルト研究所も自然を大事にするということで、敷地のセットバックや仕切りをフェンスから竹垣に変えたり、木道づくりの作業も社員が一緒にやってくれました。

▲企業の社員も協力して行われた木道づくり

企業の環境保全のための協力は初めての試みでしたが、世界では当たり前のことになりつつあります。こういうことは損得ではなくて、企業の地域参加ということでどんどん求めてもいいと思います。力もあるし、お金も時々出してくれます。そういうお金はもらえばいいと思います。そのかわり、「ちょっと宣伝文句を入れたプレートつけていいわ、環境に貢献していますと宣伝していいわ」って（笑）。お金をくださいとお願いだけするのはいけませんね。お互い様だと思っています。ちゃんと環境づくり、地域づくりに貢献していたら、それはコマーシャルに使っていいと思います。

＊「ハケ」　多摩丘陵の丘が連続的に連なっている国分寺崖線の湧水が出るところ。

アマチュアと市民の協働——商店街と学生たち

市民はもともとそれぞれが専門家ですが、基本的にまちづくりではアマチュアです。でもそういう方々と一緒にやっていけば、発想がだんだん豊かになって、成長していくと思っています。もう一つ、私の自慢の成長型施策をご紹介します。国立も空き店舗がどんどんできて、シャッター街もできました。私は団地に住んでいますが、築四五年くらいになります。建設当時は非常に文化的で先駆的な団地って言われていました。若い三〇代の人たちがやってきて、一斉に子どもを生んで育てる場だったのです。

とはいえ、四五年たつと、人も建物も高齢化、老朽化するんです。多摩ニュータウンもそうですけども、一斉に老朽化します。元気のいいときは、この地域の商店街の人たちは商売でうるおっていました。ところが途中から近隣の市に大きなスーパーができてくる。みんな夫婦で働き始め、土日に車で大型スーパーに行ってしまい、地元の商店街が寂れてくる。あんなに勢いがあった町の商店街がなくなり、子どもの声が聞こえなくなる。高齢者が増え、空き店舗ができてきて、この先われわれ世代も車でお買い物にいけない世代になる。本当はこういう足元にあった個人商店がとても大事だったのに、はっと気がついたらもうなくなっているという状況になっています。

国立の場合は、高齢社会になって団地の中にある商店街にシャッター通りができて、あのにぎやかだったところが二年も三年も空き店舗のまま借り手がないのです。まちづくりの大事なことの一つとして、私は経済の自立を抜きにしては語れないと考えてきました。自分たちの暮らしのためにも足元の商店をどうやって支えていくかということが、とても大事なことではないかと思っていましたので、ここの活性化を図る実験をしてみました。でも商店というのは、結構大変です。うまくいきません。あっちの商店街、こっちの商店街が対立し、喧嘩するのです。そういうのをまとめるのが、とても大変でした。

国立は文教都市で一橋大学を中心にできた街です。街の持つ資源をすべてまちづくりに使うことが大事だと思っていましたので、もちろん一橋大学をどういうふうに使うかということも念頭においていました。そのために私は二〇年間、一橋大学にもぐりこんできました。いろいろな授業にもぐりこんで、人脈ができていました。何人もの先生に「お願いします」って言える関係になっていました。

一橋大学はもともとが商科の単科大学からスタートしていますから、空き店舗活用計画に、どうしても協力してほしいと思いました。一橋大の先生に、なぜ一橋が地域づくりに貢献しないのですかと内心怒りつつ、お願いしますといって頼みました。二つのゼミの学生と先生に参加してもらって、団地シャッター街の再生プロジェクトを商店街、市民、市役所と一緒に企画をしてもらい、議論をしました。学生は最初夢のような話はするのですが、商店街の当事者にとっては死活問題だというところがわかっていません。商店が生き残りをかけているのに、生活実感がないから仕方がないのですが、彼らにとってもいい勉強になると思って見守りました。先生方も商店街の人も辛抱強くよく付き合ってくださいました。普通だったらもう付き合っていられないと怒るところを、二年間も市と商店街と大学生とで、いろんな先生方にも知恵を貸してもらって、議論をし続けました。

それでやっとプロジェクト案が完成し、その空き店舗を使っていろんな活性化に取り組んでみました。お金を使わない工夫をするということはとても大事だと思っています、市民の税金だから、大事に使いたいのです。そういうのは得意なんです。職員に言ってきたのは、今まで自民党政府がやってきたような金脈につながる人脈じゃなくて、人が人をつなげて行くことにより、いい知恵が広がり、結果的に経済効果を生むということでした。

事業計画をたてるときには審議会を作っていろんな委員を選びますが、私はいつも、日本一の先生を連れてくると職員に公言しました。日本一の先生と一緒にやるということは、日本一の授業を受けているということです。職員が勉強をすれば、私たち市民が余計なことを言わなくてもどんどん発想していけるようになるわけです。そして、日本一の先生は必ず次にパートナーみたいな人を連れてきてくれます。すごくいいスタッフが集まってくるので、職員は居ながらにして最高の勉強をすることになるのです。すぐれた人脈は人を呼び、金を生む、というのが私の持論です。

いよいよ事業開始です。まずは空き店舗の改装です。参加された一人の先生が長野の朝日村のプロジェクトにも関わっていて「つないであげる」とおっしゃってくれました。朝日村は、長野県知事の田中康夫氏が二期めの選挙時に勝利宣言をした村なんですけど、スキー場のある山間部と農業と林業の村です。この村で国家プロジェクトの一つとして、松材は油が多いのでほとんど土木工事に使われるのですが、油を抜いて建築材にできないだろうかという実験をしていました。しかも間伐材を活用して。間伐材だから細いので、細い材木を合わせて合板にして柱材にするとかの実験をしていました。お金をできるだけ使わないで空き店舗の改装がすむように、先生がその材木を内装用に朝日村からもらってきてあげる、とおっしゃってくれました。こんなおいしい話ないと思いましたね。

▲団地シャッター街の再生プロジェクトで腕をふるう学生たち

しかも運がよいことに、人が人を呼ぶんですね。当時の長野県の副知事さんは阿部守一さんといって、今横浜の副市長になっている方ですが（二〇一〇年から長野県知事。現在二期目）、総務省から一時期副知事として出向していた方でした。阿部さんは昔国立に二〇年間住んでいらしたそうです。若い副知事でしたが、国立大好き、国立になんとしても協力したいと言ってくださって、実験だから使ってみてということで、内装用の材木をトラック一杯分タダでもらえたんです。タダでもらうのでは悪いと思って、学生には、木を切り出すとか製材するとかのお手伝いに行ってもらいました。このことがご縁で今では朝日村と国立市民が交流をしています。

内装も、もちろんプロにも頼みましたが、学生やご近所で日曜大工が好きな人を中心にして、できるだけ手作りで頑張って、すてきなものができ上がりました。完成オープニングセレモニーの時には、阿部副知事、朝日村の村長さんはじめ、村の主だった人たちがそろってお祝いに駆けつけてくださいました。その後も、木を使ってくれといって朝日村からたくさんの木が次々来るのを、武蔵野美術大学の学生さんも時々関わってくれて、通路に木を使ってオブジェを貼り付けて空き店舗のシャッター街がおしゃれな場所に生まれ変わりました。見ていると、面白いほどどんどん変わって行くのです。森が成長するように、ここの商店街が成長していく、発想も成長していくのです。

その結果、一つは学生が経営するカフェができました。これは全部、朝日村からもらってきた材木で改装しました。現場を指揮するおじさんが怖い人で、しょっちゅう怒るので学生は嫌がっていました。とはいえ、おじさんは学生がかわいくてしょうがない、しつけるつもりで怒っていたのです。当初は、学生は卒業するのでこの事業は続かないんじゃないかと心配しましたが、先生も工夫をしてくださって、「まちづくり」という授業*を作って、その一環としてこのカフェの運営ということも入れてくださいました。だからカフェに関わって、単位がもらえる仕組みになりました。

取材も多いので、結構な人気で続いています。

私も最初は心配で、時々市役所の帰りに自転車でのぞきに行きました。「大丈夫？」って。お客は少ないわけです。学生の素人商売で出されるメニューがあまりおいしくないということもあったのですが、ずっと赤字です。「あなた、リピーターを作って儲けなさいよ」というと、「儲けていいんですか？」って学生が言うものですから、何考えてるんだかと思いましたけど、最近は相当工夫して、オリジナルのおいしいメニューも出せるようになりました。開所当時の学生は、本当に頑張りました。試行錯誤の連続で、リーダーが寝る暇もないほど頑張り、やせて心配したほどです。しかし、若い力はやはり素晴らしい。

今では、商店街にこういう店が四店舗あります。いろんな部屋があって、一つはＮＰＯセンターです。ご近所のおじさんたちとグループを作って一歳のお誕生日、一周年の記念日、団地の夏祭りにも参加するなど、いろんなイベントをしてきました。貸しスペースも運営していますが、一橋大学のサテライト教室にもしようということになりました。一橋大学というとみんなあこがれの行ってみたい大学です。その大学の先生が街に出てきて授業をする。大学の中では小難しい話しかでき

＊「『まちづくり』授業」　二〇〇四年一〇月から、一橋大学では全学共通教育科目になり、国立の街を実践の現場としている。

ないけれど、こういう場所では先生も好きなテーマでやれるので、たとえばEUの経済とワインの話とか、少しおしゃれに音楽の話とか、文化的な話を入れてもらっています。「公民館は嫌いだけどここには来るわ」*という人もいます。また、地場野菜を売ってるところもあります。

運営には、若い人だけでなく、おばさんたちも関わっています。子どもたちが外に出なくなったので、地域で子どもの面倒をみようという事業もあります。ここで宿題を見てあげたり、折り紙を教えようとしたけど、子どもたちはそんなことでは来ないんですね。きっかけはお菓子です(笑)。主婦の知恵ですね。閉店してしまった駄菓子屋さんから商品を譲ってもらって、駄菓子屋さんを土曜日に店開きしたら、あら面白そうって、子どもたちが寄ってくるようになったのです。

スーパーだったら袋買いですが、駄菓子屋さんは一個五円とか十円ですから、「お小遣いで買えるからいらっしゃい」と言うと、だんだん子どもたちが寄ってくる。今すごい人気なんです。「おばちゃん、私もお店やさんやりたい」と言ってくる子もいて、「いいよ、やって」と言って手伝ってもらい、「じゃー一個あげるね」という感じでつながり、ついでに「宿題見てあげるから」と中に引き入れていく、すごい知恵だと思います。

最初は型どおり企画をして始めても、いろんな工夫をしながら市民にフィットしたものに変えていくというのは、市民の力だと思います。職員だけでやっていたらこうは行かない、市民と一緒にやっているから膨らんでいくのです。

一橋大学のサテライト教室が正規の授業に入ったので、授業の最初のオリエンテーションのとき、一番大きな教室にあふれるほど学生が来ます。授業には私も、商店街の人も呼んでもらって、話ができるんです。ここに関わった商店街の人が言ってました。「僕ね、一橋大学に行きたかったけど合格できなくてね、眺めてるだけだったけど、六〇歳になって一橋の教壇で話ができるなんて夢みたいで、すごくうれしい」って。賞もたくさんもらい、文科省からはこの授業に対し年間一四〇〇万円、四年間の助成金が出るようになりました。

▲活気を取りもどした商店街

＊「公民館は嫌い」　昔の国立公民館は五館構想という理念を打ち出したが、歴史的な経緯の中で対立等がいろいろ起こり、公民館事業には参加したくない人が多いという事実に基づいている。—著者

さきほど話した桜守の人たちも、実はあちこちから声がかかるようになって、「この年で僕が人の前で話をするなんて」と言って、新しい関係と新しい喜びを、まちづくりというところでできるようになったんです。

地域で子どもを育くむということを大きなテーマにしながら、コミュニティ作りは子ども中心に進めるというのが、私には一番納得できるので、そういう意味での実験をやってきました。けれども、すべての市民が知恵者であり、主権者ですから、役所がまちづくりをするのではなくて、本来は市民がやらなくちゃいけない仕事なのだと思っています。

自治力をみがく

実は、「まちづくり」という言葉は国立発です。昭和二七年に国立は文教地区指定を受けました。当時、お隣の立川市には米軍基地があって、朝鮮戦争のときには立川に米兵があふれて大変な賑わいを見せていました。その余波を受け、国立も米軍の歓楽街になりそうになりました。理想の学園都市として開発したのに、米兵相手の売春婦が街角に立ち、学生相手の下宿屋が次々に売春宿に代わるという事態が起こりました。

子どもの環境を守りたいとする市民と、経済発展が先だとする人たちで、まちを二分する大変な騒動になったのですが、市民の知恵者が文教地区指定を受けて歓楽街にさせないようにしようと、条例制定運動を展開しました。文教地区指定を市民発で実現した初めての事例になりました。その運動を見た当時の一橋大学の社会学の教授、後に学長になる増田四郎教授が、「まちづくり」ということばを、論文の中で「　」つけて書かれました。私もその話を聞いて読んでみましたけれども、文教地区指定運動後一〇年間の増田教授の論文の中に「まちづくり」という言葉が三度出てくるんです。どうもそれが日本での「まちづくり」という言葉の起源のようです。

増田先生は国立の市民がまちを守るために、子どもの環境を守るために、歓楽街にしない、そのために条例を作ろうと運動をしたことは、まさに市民自治の運動だということで、「まちづくり」という言葉を作られたようです。

まちというのは、そもそも私たちが税金を自治体に納めて、というよりむしろ託して、さまざまなサービスをやってもらっているけれど、市民が本来やる仕事を行政に預けているに過ぎなくて、サービスすべてを行政がやる必要はない。私は市民への権限委譲がまちづくりの基本であるというように、いつも考えてきました。ですから、ＮＰＯだとかいろんな事業をやる市民がたくさんおりますけれども、どんどん役所の仕事を奪って、サービスは市民の知恵と工夫で本当に使い勝手のいいものをやるのが一番いいと思います。今までお話ししたように、行政がやると公平だ何だとややこしい話をして、使い勝手の悪いものになってしまいがちです。だから市民が事業をやっていいと思っています。税金はその事業に見合うものを分配するというのが本来の自治ではないでしょうか。

「入るを量りて、出ずるを制す」、というのが財政の話ではよく言われますけれども、東大の神野直彦先生は、「出ずるを量りて、入るを制す」とおっしゃっています。まさにそうで、こういうサービスが必要だからこの分の税金を納めましょうというのが、自治力だと思います。

国立市民は、そういう経験、実験を山ほどやりました。一年間専門家と一緒に国立の財政を分析して、「市民の財政白書」*である『国立市の台所』というものまで作りました。一冊めは一般会計、二冊めは特別会計で行政顔負けの財政白書を市民自身で完成させました。すべて自分たちで財政分析をする。財政分析をしたら本当にその事業は必要なのか、もっと違うお金の使い方があるのでは、ということがわかるようになります。地方財政というのは本当に複雑ですから難しいですよ。職員ですら全部読み込めませんが、市民が税金の使い方まで意見をちゃんと言えるようにならなければいけないと思います。

私は市長になる前に、そういうこともあろうかと、当選することを前提に財政分析の勉強会をやっていました。だから、経営って面白いと思えたのです。責任ある市民ということは、自分たちの納めている税金の分析をきちんとやりつつ、配分まで考えて優先順位を決めていくことだと思います。これから財政はどんどん悪くなります。使えるお金はホントに少なくなります。昔の方はご存知だと思うけど、まだ生活用水が井戸だったところに、水道管を敷くのにも市民がお金を出し合って始めました。街灯もお金を出し合って地域の人がつけたんです。それを行政の仕事に変えていったわけです。

　できるところは市民の力でやる。ホントに必要な、たとえば、憲法二五条が言っている生存権、「すべて国民は、健康で文化的な最低限度の生活を営む権利を有する」という部分については、行政が公にやるということで保障していくという、ここを忘れないようにしないといけないのですが……。

　新しい政権になりました、さあ、私たちのものを言える時代が来ましたと、あれもこれも寄ってたかってやってやってくれということになると――政治の駄目なところはばら撒きしかできなくなってしまうことです。政治家は票が欲しいから、目先の選挙しか念頭になくなり、長期に物を見られなくなるのです。だから、政治家にお任せしてはいけないと思います。近々事業仕訳というのを政府がやります。市民がまちのあり方や、自分たちで将来こういうまちを作りたいという絵をきちんと描いて、今はこれはいらない、とか、今から作っておこうと、事業仕訳をしながら作っていかないと、これから一〇〇年もたないだろうと思っています。

＊「市民の財政白書」　まちの財政を学ぶ会『知っておきたい国立市の台所』平成一八年一二月に一般会計を取り上げ、平成二〇年一二月には、特別会計を取り上げ発行した。

●質疑応答

参加者A　上原さんは、なぜ国政選挙で社民党からお出になられたのですか？　あの時はむしろ、民主党から出た方がよかったのではないかと、ずっと考えていましたので、その点についてお尋ねしたいです。

上原　私、市長を辞めた時点で政治家には絶対なりたくないと思っていました。もともと政治家大嫌いでした。だけど、実は社民党党首の福島瑞穂さんが、中学・高校の私の後輩なんですよ。昔からの知り合いで、泣き付かれちゃいました。一日四、五回電話が来ました。もうお願いお願いと、ストーカーのごとく、付きまとわれましてね。

それと、私の後見人のように支えてくださった方が、国民投票法が通ってしまった現在、いつ憲法改正になるかわからない、こういう状況では、せめてあなたぐらいは憲法のことを言ってくれ、今しかないと言われました。自民党は選挙になると、あれほど憲法のことで騒いでいたのに、票にならないからぴたっと言わなくなる。本当言うと政党嫌いなんです。もうどこの政党も嫌ですね。

民主党もはっきり言って好きではありません。私、平和問題をずっとやっていて、有事法の三法案が民主党が賛成してしまって通った時に、眠れなくなるほど落ち込んじゃいました。その上、教育基本法の民主党の改正案のひどさにも怒っています。いつも肝心なときに民主党は賛成するのでひどいと思っています。だから国政では同じ場には立てないのです。もちろん同じ考えの部分も多いし、市議会では協力関係にありました。私は民主党はチェックしていく側だろうと思っていましたから、協力してやってきた場面も結構あります。しかし、内情も見えるだけに、現在の右から左まで一緒の寄り合い所帯では危ないとも思っていました。しかし、社民党にも疑問に思うところがないわけではありません。

私は当選しやすいかどうかという選択ではなく、自分の主張を受け入れてくれる政策の近い政党で立つと決断したのです。あの時は第一次安倍政権で、憲法を含め大変危険な道に突進している状況でしたので、とにかく受けのよいことを公約にするのではなく、主権者に媚びない選挙をしたいと思ったので、真っ白なワイシャツを着た選挙ポスターを作りました。あくまで憲法堅持ということを意思表示したくて出たことなので、二度と出る気はありません。

今日話題に出しませんでしたが、国立は重度の障がい者が人口比で一番多いまちです。本当に重度の方が自立して住んでいるのです。ですから、「しょうがいしゃがあたりまえに暮らすまち宣言」という宣言をしたのですが、「国立市第三次保健福祉計画」の障がいに関する四部門を障がいを持つ当事者たちと一緒に作りました。出来不出来はあったにしても、当事者がすべてこの問題に関わって一緒に作った初めての経験でした。それは大変ですよ。でも、歴史が長いこともあって、やはり地域で暮らすということ――国立の障がい者は自立の運動を長くやってきたので強くてね、彼らも自分たちで閉じこもって反対とか言っていたのを、そうじゃなくて地域の人たちと一緒にやろうよということで、初めて作れました。そういうこともやっていたので、また機会があったら見てください。

黒岩　安積遊歩《あさかゆうほ》*さんのいらっしゃるところでしたね?

上原　そうそう。安積さん、国立の市民でずいぶん協力していただきました。

参加者B　ずっと派遣で、考えたり活動したりしているものですから、地方自治力ということから雇用格差をなんとかする方法はないでしょうか。

上原　なかなか難しいですね。私は基本的に、経済というのを地域から作っていかなきゃいけないと思っています。ワークシェアリングが話題になったときに、なぜもっとそのことを詰めた議論ができなかったかと残念です。国立でも、職員が自分たちの正規雇用を守ろうとして正規職じゃなくちゃ駄目と言います。私は、いろんな働き方を認めるというのを市役所から考えてもと思っています。市長は経営者でもあるわけで、今のこの財政力の中ですべて正規職の人をサービスのために雇うことはできないと考えています。

いろんな雇用の形があっていいと思うのですが、問題なのはそのとき正規職でない働き方をする人の待遇をどう改善するか、職員と同じ働きをする人には、正規職との区別はあるにしても同じ待遇をする、保障していく方向で考えたいのですが、職員に頑固に固執され、そこがなかなか突破できませんでした。地域の中で成り立つようななりわいを自分たちで作りだす、というワーカーズ・コレクティブの発想で地域の人たちと一緒になって働ける場を、仕事を作りだして、それを地域でまわすばかりじゃなくて外に発信して売っていくというようなやり方はできると思っています。
私そういう仕事、是非したいと思っています。地方に行くと、たくさん売るものあるじゃない、って思うのです。とはいえ、多くは中央指向、大企業指向で、それを誘致するのが正しいとみんなが思い込み過ぎているのではないでしょうか。

参加者C 岸和田から来ました。岸和田は男尊女卑の強いところで、テレビ**で放映されてすごくにぎやかなところと思われるかもしれませんが、実は岸和田駅周辺はとても高齢化しています。古い町ですから、地主さんが借家を建てていたのが使えなくなってきて、あばら家になり、それを取り払ってワンルーム・マンションがどんどんできています。住民が高齢化している町の中で、ワン

＊「安積遊歩（一九五六年～）」 作家。生後まもなく骨形成不全症と診断される。障がいを持つ人の自立をサポートする〈CILくにたち援助センター〉代表。一九九四年カイロで開催された国際人口開発会議で「日本には優生保護法があり、障がい者には子宮摘出手術が施されたりしている」と発言し、母体保護法改正（一九九六年）へのきっかけとなった。

＊＊「テレビ」 NHK朝ドラ「カーネーション」平成二三年一〇月三日～平成二四年三月二四日まで放映。大阪府岸和田市がドラマの舞台だった。

ルーム・マンションに暮らしている人たちは、町内のいろんな活動には一切関わりません。まして町会費も払いません。だんじりを引くには若い力がいるので、よそから借りてきて保たれているという状況です。

私も岸和田のまちづくりを考える会を三〇年以上ずーっと続けきて、いろいろなことをしていますが、国立のように、大学があったり、学生がいるというのとは全然条件が違います。企業が作るそういうマンションに住む人たちの問題もひっくるめて考えていかないと、草取りや近隣の活動に一切関わらない人たちがどんどん増えるというのは、非常に困ったことです。従来から住んでいる住民とそういう人たちの関係を、どう考えていったらよいでしょうか？

上原　それは岸和田に限らず全国にある問題です。国立にさえあります。ワンルーム・マンションどころか、マンスリー・マンションになってるから、本当に無責任です。うちは、条例じゃなくて、要綱かな、規制をかけました。というのは、何度もいいますが、皆さんはどういうまちに住みたいですか、というイメージを持たないと駄目なんです。地主さんたちはやはり少しでも稼ぎたいから、業者が作りませんかって言ってきます。マンション作ると破産する人が多かったので、結局そういうお手軽なものを作ろうとして、国立にもすごくできました。だからそれについては建設時にペナルティを課す、という規制を作ったんです。それにはどういうまちにしたいという前提がないと、モグラたたきになってしまいます。

今私は法政大学の五十嵐先生と一緒に建築基準法と都市計画法の改正案で政府交渉を始めています。地域ルールを作ったらそれが法的に担保されるという法改正です。しかし、地域ルールを作る前提として、皆さんがどういうまちにしたいのか、計画的なまちづくりが肝心なんですよ。高齢者のための施設も将来このぐらいは欲しいよね、とか。国立なんかも結構お金持ちが多かったものだから、気がついたらすごくいっぱい福祉施設関係の業者が来ました。そうすると、市の負担がどんどん増えていきます。よそからどんどんその施設に入ってくる。国立は高齢社会を考えてこれだけほしい、それ以上はいらないとなると、どういうふうにしたらいいの、とかね。こういうことも、みんなで考えてルールとして規制をかけるなり、逆にむしろ誘致することもあると思います。

できたからしょうがないとか、財産権があるからと思っているかもしれないけれど、そうではなくて、もともと土地の利用は完全自由じゃないわけですから、町の計画にそったものにするために、法的に担保されるような条例なりを、どうやって作るかが課題です。市民のどういうまちにしたいかの意思があって、行政がそれをちゃんとやるって頑張るというふうにすれば、実は業者も来にくいし、地主さんも売りにくいと思います。

回

コラム

首長の政策と賠償責任――国立市の景観訴訟と上原元市長への個人賠償責任裁判

二〇一四年九月二五日、東京地方裁判所は、原告国立市長、被告上原公子の「損害賠償請求事件」で「請求棄却」の判決を言い渡した。元国立市長、上原さんが在任中（一九九九年四月～二〇〇七年四月）に遂行した政策によって、個人の責任を問われ、多額の賠償責任を求められた裁判で上原さんが勝訴したのである。しかし、その後、国立市長が控訴しているために、裁判は今でも係争中である。首長が遂行した政策によって、個人が賠償責任を問われるのであろうか。市民・住民との協力をえて、環境保全という政策を実行しようとした上原さんの首長としての活躍と、長く続く裁判には違和感がある。

ここに至る経緯は長く、複雑である（別表参照）。上原さんが国立市長に就任した一九九九年、マンション開発会社の明和地所が、ＪＲ国立駅前から延びる大学通りぞいに高さ一四階建て（四四メートル）の高層マンション建設を計画した。国立の景観を守る願いを持った市民がそのマンションの建設に反対し、市への協力を求めた。市は景観を守るため、この地区の建物の高さを二〇メートル以下に制限する条例を制定し、マンション建設に対抗した。同時にマンション建設に反対する市民は、国立の景観を守るために裁判を起こし、最高裁まで「景観権」をめぐって争った。この訴訟では、地裁が「法的に保護すべき景観利益」を認めたものの、高裁・最高裁は認めず、住民側は敗訴に終わった。とはいえ、二〇〇四（平成一六）年に制定された国の景観法に大きな影響を与えた。

二〇〇〇年、明和地所は営業妨害による損害賠償で国立市を訴えて、二〇〇八年三月に二五〇〇万円の損害賠償を最高裁が認めたので、国立市は明和地所に二五〇〇万円と利子との合計三一二〇万円を支払った。同年五月、明和地所は、裁判闘争は業務の正当性を明らかにするためで、損害賠償金が必要だったのではないと、同額の三一二〇万円を国立市に寄付した。国立市は「一般寄付」として受け取った。

二〇〇九年、住民四人が上原元市長を相手に、明和地所に支払った三一二〇万円を個人として支払えと、個人賠償請求を裁判所に提訴、東京地裁は二〇一〇年に上原さんに支払いを命じた。上原さんの後市長になった関口博氏は控訴したが、二〇一一年に落選。その選挙では佐藤一夫氏が上原さんへの差額賠償請求を公約に掲げ当選し、当選後に控訴を取り下げた。しかし、上原さんが支払いを拒否したため、新市長は改めて上原さんを提訴した。二〇一三年一二月国立市議会は「大学通りの景観を守るという住民の声を聞いて実施した施策であったのだから上原さん個人への賠償を求めるのは妥当ではない」と、求償権の放棄を議決した。

　裁判の流れは複雑であるが、上原さんの市長時代の政策の遂行、すなわち二〇メートル以上の高い建物を制限したのは、明和地所への営業妨害として行ったわけではなく、景観を守るという政治理念と住民の意思に従ったものであった（九月二五日の判決でも認めている）。上原さんがそのことによって個人的利益を得たわけではない。しかも業者による市への寄付によって問題は「事実上解消された」と判決にも書かれている。さらに市議会も上原さんへの請求はしないと決めているにもかかわらず、まだ裁判に訴え続ける四人の住民と市長の対応は理解しがたいし、判決でも（九月二五日）、首長としての職権濫用、信義則に反するという。そして二〇一五年一二月二二日、東京高裁は地裁判決を棄却。上原弁護団は最高裁に上告し、裁判はこれからも継続することになった。

　政治家上原公子の政策実現は「市民参加のまちづくり」を公約に掲げ、従来の政策への批判票を集めて選挙で当選したことでスタートした。就任してまもなく、明和地所問題が起きてから、市民の要望と専門家の意見を聞きながら、「市民自治」を推進しようと努力した。当時の国立市の条例では、明和の計画を阻止することはできないことから、景観審議会、都市計画審議会など専門委員会と専門家の知恵を添えて提案された市民自らが作成した高度制限のある「地区計画案」を法的な効力のある地区計画条例を制定した。この地区計画条例は「景観利益」や「景観法」につながったことからも、地方自治体から国政への政策提案でもあった。そして、国立市議会は、地区計画条例を制定したのだから、二元代表制をとっている自治体議会の決定は市民の代表としての決定である。

「選挙」で選ばれた首長が、市民が考えた政策の実行を都市計画審議会や市議会が決定したのであるから、上原さんの政策遂行は必要な手続きを瑕疵なく行っている。したがって、上原さん個人で賠償責任を負うことはない。首長として、政治理念を遂行し、市民との協働を実現しようとした上原さん個人が賠償責任を負っていないのは明らかだが（五十嵐敬喜「「政治家の不法行為責任」とは――国立市損害賠償請求裁判をめぐって」『世界』二〇一二年七月号、岩波書店参照）、この長い裁判は、「市民自治」を訴える首長を支援する「市民」と、同じ市内にまったく違う立場で対抗する「市民」が常に存在することを示唆している。

二〇〇二年の地方自治法改正により、住民訴訟のプロセスが変わり、住民が首長や個人を被告として訴えることができるようになった。そのため、上原裁判の流れで見るように、政策実現を個人の賠償に置き換えられる可能性が出てきた。今後首長が住民訴訟の被告となることを懸念して〝事なかれ主義に陥ったり、積極的な政策展開ができなくなる〟など、法改正に問題があると法律家・専門家から批判されていることを付け加えておく。

● 国立市と上原氏との訴訟の流れ

一九九九年　上原公子、国立市長に当選。国立市の大学通りに一四階建てマンション（高さ四四メートル）建設計画が浮上。

二〇〇〇年　市は臨時議会で、高さ二〇メートルの制限を課す建築条例を可決。市民団体が業者を相手に「景観権」訴訟。マンション業者は国立市の条例無効と営業妨害を求めて提訴。

二〇〇五年　東京高裁は市の営業妨害を認め、市に二五〇〇万円の支払いを認める。

二〇〇七年　上原氏退任。新市長に関口博氏就任。

二〇〇八年　最高裁で国立市の賠償責任が確定。市は業者に三一二〇万円を支払う。業者は同額を国立市に寄付。

二〇〇九年　市民四人が市が負担した損害賠償金を上原氏個人に請求するよう、市を提訴。

二〇一〇年　東京地裁は上原氏の営業妨害を認め、上原氏に三一二〇万円の支払いを命じる。

二〇一一年　一審を不服として控訴した関口氏が落選、佐藤一夫新市長は五月に控訴取り下げたが、上原氏が支払いを拒否したため、市が一二月に上原氏を提訴。

二〇一三年　一二月市議会は上原氏への求償権放棄を議決。

二〇一五年　東京高裁が地裁判決を棄却。上原弁護団最高裁に上告。

（編者）

「やおいかん女」の挑戦

「ユニバーサル・デザイン」の実現へ

「命の価値の同じさを語っていくことが男女共同参画の出発点じゃないのかな、と思っています。」

（二〇一二年一二月二日）

潮谷義子

潮谷義子（しおたに・よしこ）　元熊本県知事

一九三九年佐賀県生まれ。日本社会事業大学卒業後、佐賀県、大分県社会福祉主事、し体不自由児養護施設ねむの木学園、慈愛園乳児ホーム（熊本市）園長を経て、一九九九年、熊本県副知事に民間登用。二〇〇〇年、知事の急死による選挙で、大阪府知事に次ぐ女性で二番めの県知事として初当選、続く堂本千葉県知事と並んで女性知事の時代を拓いた。二〇〇四年、再選を果たすも、二期八年を満了したところで「三期やれば体が燃え尽きる」と勇退した。長崎国際大学学長を経て、現在は母校である日本社会事業大学理事長。

共著書に、『心の誕生（心を考える1　幼児期）』（潮谷愛一共著、日本基督教団出版局、一九九三年）、『こころのメモリー――ママになる、あなたへ：絵本』（潮谷愛一共著・いわさき千鶴絵、ギャラリー・ヴァンサンカン、二〇〇五年）などがある。

進行（黒岩秩子）　潮谷さんのことは、私たち、だいぶ前から「女政のえん」にお呼びしたいと話し合っていたのですが、熊本からでは大変だと思っていました。交通費も謝礼もお出しできない集りですから（笑）。それが最近、あるパーティーで初めてお目にかかる機会があって、いま東京にお住まいだとわかりました。日本社会事業大学、ご自分の出られた大学で理事長をなさっているということで。それでその場でトークのお願いをしたら、すぐに受けてくださって、もう嬉しくてみんなで大喜びし、今日それが実現しました。

潮谷さんは佐賀のお生まれで、高校まで佐賀にいらっしゃって、日本社会事業大学で同級生だった方と結婚され、その方が熊本の方だったので、熊本にお住まいになったとお聞きしています。たぶん今日、お話にも出てくることでしょうが、知事に立候補なさったとき、マスコミがお連れ合いにマイクを向けたら、「何の相談もなかったから僕は知らなかった。いま知った」とおっしゃったって言うんで……。

もともとお二人とも、クリスチャンでいらして、福祉をしようということで、同志としてかたく結ばれたご夫妻なのだと思います。お話の中で福祉のことも、水俣病のことも、うかがえるはずだと思います。それから、「こうのとりのゆりかご」や「あかちゃんポスト」といわれることなど、皆さんお聞きしたいことがいっぱいあるはずですから、最後に質疑の時間もとりたいと思います。

私たちは、それぞれお立場はあるでしょうが、今回の選挙*というのは、日本のために誰を選べばいいのか真剣に考えなくてはいけない、もしかしたらターニングポイントになるような時代の節目に立たされているのではないかと、そんな思いを抱いているところです。

私も、選挙という思いがけないかたちで、政治を経験させていただくことになった人間です。今日はそのあたりのこともお話させていただこうと思います。

◎

1　福祉に学び、利用者に学ぶ

シュバイツァーへの憧れ

私自身がどういう人間であるか、ということを先ずは知っていただきたいと思います。私は一九六二（昭和三七）年に日本社会事業大学（以下、「社事大」と記す）を卒業いたしました。

社事大というのは、歴史をたどれば、一九二八（昭和三）年に社会事業研究生制度としてスタートしたものがささやかな前身になっていたと言えるかもしれません。疲弊した地方における貧困対策として慈善的色彩を持った社会事業を行おうとして、「社会事業主事」を計画的組織的に養成しようとしていたようです。

それが一九四六（昭和二一）年戦後の貧窮と混乱の中で、ＧＨＱの指令と言っていいか指導のもとで、国家責任、無差別平等、必要充足の三原則をふまえた社会福祉の展開が日本に強く求められることになったのです。政府は生活保護法（旧法）を制定し、それに携わる専門人材を育成する機関として厚生省（現、厚生労働省）のもとに社事大という単科大学の設立に踏み切ったのです。社事大は、現在でも同省委託の単科大学という位置にあります。

日本に福祉を確立していく方向性を示そうとして、原宿にあった海軍館をベースにしてつくったのですが、始めは二年制、私のときに初めて四年制大学に変わりました。当時、一学年は五〇名と、大変小規模なものでした。

在学中は、日米安全保障条約改訂に関わる、大きな時代のうねりも経験しました。

私が社事大に入ったいきさつというのは、じつは中学のときの英語の先生が、アルベルト・シュ

＊「今回の選挙」二〇一二年一二月一六日実施の第四六回総選挙。結果は、野党だった自由民主党が二九四議席と圧勝、単独で絶対安定多数（二六九議席）を確保した。連立を組む公明党と合わせ、衆議院再可決が可能となる三分の二を超える議席を獲得し、第二次安倍内閣が成立した。この結果、民主党を中心とする政権は一期・三年三カ月で終った。

バイツァー*のことをお話くださったのがきっかけです。当時は、シュバイツァーは存命中で伝記中の人ではなかったのですけれど、シュバイツァーに大変あこがれました。ボランティアといいますか、どうしたらそういった活動ができるのか、まったくどこの大学に行けばいいのかもわからないし、自分の進路をどう選択すればいいのかもわからなかったのです。そんななかで大阪社会事業大学、後の大阪市立大学ですけれども、それと日本社会事業大学が紹介されて、それで社事大に入学しました。

就職して知った現実

ところで一九五六（昭和三一）年、これは私が大学に入る前ですけれども、「もはや戦後ではない」という大変有名な書き出しで、『経済白書』が出されました。しかし、その一方で、同じ年の『厚生白書』には「戦後は終わらない」と書かれていて、非常に際立った二つの見解が白書に出ている、といった時代でありました。しかし、日本の経済が、成長に向かって確実に離陸したというこの位置づけは、私もその通りだろうと思っています。物ごとの価値判断というのが本当に変わっていく、経済力が一つの価値判断になっていく、そういう状況が始まった、といえましょう。

一九六〇（昭和三五）年には、国民所得倍増計画が始まっています。それで重化学工業化が促進されて、生産第一主義、経済成長至上主義、こういった社会的風潮が広がってきたところです。こういう中で、私はふるさと佐賀県の公務員として、福祉事務所に就職し、社会福祉主事として働き始めました。

生活保護法は、社会福祉主事一人当たりの担当ケース六〇と定められていましたが、現実には常にそれを上回って担当する状態でした。この法律内に老人施設、救護施設の定めがあり、生活扶助、教育扶助、住宅扶助、医療扶助等々の扶助基準が定められていました。例えば、自家製の味噌・醤油の計算の仕方や、男性と女性で異なる基礎控除額や算定方式のあること、老人施設、救護施設、医療受給者の実態調査なども、公正・必要充足・無差別平等の観点から、必要不可欠とされました。同時に生活保護法には「他法（他の法律）優先の原則」があり、しばしば自分の学びの浅さを実感させられました。

対応したケースの例を少しあげてみたいと思います。戦後開拓農家として入植した家族ですが、農地が痩せていて、適正品目として指導されて作った作物が実らず、過酷な生活・労働を強いられ、生活保護法に頼らざるを得ない状況に陥っていました。農業には素人の私でさえ、農業政策と開拓農家の実態が乖離しているとわかりました。

＊「アルベルト・シュバイツァー（一八七五〜一九六五年）」医師・伝道師としてアフリカで活動。ノーベル平和賞受賞。バッハ研究やオルガン奏者としても知られる。

炭鉱閉山で失職し、家庭不和、貧困、そして繰り返される妊娠中絶を前にして、夫に家庭や妻を省みるよう話している最中に、「何がお前に判るか」と詰め寄られ、怒鳴られたこともありました。空しさが、心の底にいつまでも澱のように沈んだまま残りました。

戦争未亡人と呼ばれていた一人親の売春防止法違反、これもまた倫理観や道徳観の尺度で計りきれない、子育ての厳しい現実を示していました。

一人暮らしの高齢者のありさまを見かねて、老人施設への入所を勧められていた方がおりました。そのたびにこの方は、「保護費をいただいて、この家で暮らしたい」という応えを返されていました。あるとき、この方がボヤを出して、近隣の方の勧めもあり、入所を決心されたのです。施設に面接に行った私に、「温かいお茶、ご飯、味噌汁も食べられるし、お風呂もあります。入所して良かった」と、お礼を述べてくれました。でも、この方は間もなく病気になり、あっけないほど短期間で死を迎えました。これは私には、忘れることのできない経験になりました。

「人間の尊厳」、生きることの自由、自己決定の持つ意味は、一人ひとり違い、生きる意欲のありかたも違っています。それを忘れ、技術や方法論に自分自身が走ってはいなかったかと、数多くのケースの方々に気づかせてもらいました。「福祉の主座は利用者。利用者こそ中心」という学びをさせてもらったと、実感します。

ところで、私の学生時代は、「朝日行政訴訟」*――生活保護法は憲法二五条に反しているのでは

——という、そういう裁判があったときです。私たちは大学の法律の授業の時間に、じかに法廷に行きました。憲法二五条と生活保護法との関係を考えるきっかけになり、「生存と権利」の論拠を学生ながらに一途に考え続けたものでした。それで具体的な公務遂行の場面では、ずいぶんジレンマに悩みました。

私の職場の上司は学歴の乏しい方でしたが、ご自身の努力と知力によって、生活保護法の運用にかけては右に出る人がいないと言われた程の実力者でした。ものすごく法律に詳しい方でした。それで、この方に鍛えて鍛えられ続けました。「大学出の専門家はそんな風に考えるのか、頭はついてないのか……」等々、今ならさしづめパワハラに近かったかもしれません。しかし、この方の存在があったからこそ、「資格が仕事の質を決めるのではない」ことを知りました。「仕事の質が資格にふさわしい」か、常に自らに問うことが課せられていることを学べたのだ、と思っています。

＊「朝日行政訴訟」 重症結核患者・朝日茂さんが一九五七年、生活保護費が少なすぎて必要な栄養すらとれず憲法二五条に保障された「健康で文化的な最低限度の生活を営む」には不十分だとして、国に改善を求めて起こした行政訴訟。六〇年の東京地裁判決は全面勝訴したが、控訴審では敗訴。上告後、朝日さんが亡くなる直前、支援者夫妻が養子になり、訴訟を引き継いだが、最高裁は継承を認めず六七年に上告棄却。しかし、一連の訴訟は大きな社会的関心を呼び、その後の日本の社会保障制度のあり方に多大な影響を与えた。

結婚、大分県庁時代

そして、佐賀県庁で一年一〇カ月経ったとき、私は潮谷愛一《よしかず》*と結婚することになりました。彼は、何らかの理由で親と生活することが困難な子どもたちを養育する児童養護施設で働いていました。私は割愛ということで、大分県庁に継続勤務することになりました。大分県庁でもやはり生活保護法を担当したのですが、そのときの上司が吉田嗣義という方で、糸賀一雄**さんと同じ時代を京都大学の哲学科で過ごされた方でした。その方が私に「生活保護基準をしっかりと適用し、いろんな法律を駆使し、生活保護法は他法優先という原則に則って、君は忠実に仕事をしているね。だけど、生活保護法にかからなかった人、却下された人はいったいどんな生活をしているんだろうね。それを考えたことあるのかな」と言われたのです。これはものすごい衝撃的な言葉でした。

若いときにいろんな方々と出会うということ、あるいはモデルがあるということは、今でもとても大事なことではないかと思います。

この上司は、そんなふうに言うだけではなくて、私を国東郡の富貴寺とか、臼杵市の磨崖石仏とか、日田市の広瀬淡窓**の居所といった、昔の仏教文化や史跡の残るところに、折にふれて連れて行ってくださいました。そして富貴寺にしても、その他のいろんな国宝級のお寺にしても、今では誰が作ったというその痕跡も残らない人びともいる、柱や瓦、隅の石などを運び、力仕事をした人、泥をこね、労した人もいる。そして時代を経て国宝として扱われているということを、お話してくださいました。私がそこで学んだのは、歴史というのは、決して名前のある人や、財ある人、社会的な地位のある人、こういう人たちによって紡がれてきたのではなくて、むしろ、名もない人は名もないままに没し、あってはならない差別や虐げのなかで命を落としてきた人たちもいて、歴史は繋がれてきたのだ、ということでした。

福祉事務所での出会いの中から、よい賜物を頂戴した、そんな感じを抱いています。

大分県で公務員生活を続けているとき、夫がアメリカに留学することになりました。すでに二歳六カ月と生後六カ月の子どもを育てている状況での留学は、想像して余りある労苦が考えられましたが、夫の両親や牧師の計画でもありましたから、受け止めざるを得なかったのです。

＊「潮谷愛一（一九三九年〜）」　社会福祉法人慈愛園ホーム園長。九州ルーテル大学教授。熊本県ボランティア連絡協議会長。父・総一郎は一九三五年より宣教師の始めた社会福祉法人慈愛園の職員となっていたため、その子どもホームの入所児童と共に育つ。

＊＊「糸賀一雄（一九一四〜一九六八年）」　知的障がいのある子どもたちの福祉と教育に一生を捧げた実践家。一九六三年重症心身障がい児施設「びわこ学園」を創設するなど、日本の障がい者福祉を切り開き、「社会福祉の父」とも呼ばれる。著書に『福祉の思想』（日本放送出版協会、一九六八年）。

＊＊＊「広瀬淡窓（一七八二〜一八五六年）」　江戸時代の儒学者、教育者、漢詩人。豊後国日田の人。淡窓は号。私塾「桂林荘」「咸宜園」を開いたことでも知られる。

長男を三歳未満児保育施設に、二男をご近所の方に預かっていただいての勤務は、一人が感染症になるとすぐもう一人にもうつるといった状態、経済的にも大変な日々が一年間に及びました。どれほど多くの方々が私たちを支えてくださったことでしょう。この経験から私は、子どもは決して血縁によってのみ育つのではなく、社会的縁によって育つということを確信しています。

帰国を間近にして夫はすでに大分県への転職が内定していました。その理由の一つに、当時情緒障がい児に関する科学的理論が乏しい中で、彼がアメリカでそれを学び、夜はその種の施設で実習を兼ねて働いていたことがありました。しかし、帰国と同時に、ある肢体不自由児養護施設の施設長代理就任への強力な要請があって、静岡県の社会福祉法人で働くことを余儀なくされました。これ以上の別居生活を続けるのはよくないと多くの人たちに説得されて、私も県職を辞して、静岡の夫のもとに行きました。が、結果的にこの社会福祉法人も六カ月いて退職し、九州に戻りました。

乳児院・児童養護施設で働く

一九七二（昭和四七）年前後というのは、子どもは経済発展を担うための人的な資源という位置付けがものすごくあったような気がいたします。学校では、偏差値がこどもの評価の物差しになっていました。しかし、人間は偏差値で計れるほど単純なものではない、と私は考えます。

熊本県は夫の里であります。じつは夫の父親がモード・パウラスという宣教師の方と一緒に、ずっと施設をやっておりまして、私はそこで働くことになりまして、二七年間、乳児施設で働きました。その中で私が経験したことは、法律でさえ男性と女性は平等ではない、ということでした。そしてそれがいかに女性にとって苛酷な状況をつくり出しているか、ということを気づかされました。

未婚出産の子どもが施設に入ってきます。その親に面談をいたしますと、騙されて、ということもありますし、「不純な異性交遊」のなかで出産したということもありますし、いろんなケースがあります。地域社会の中では、未婚で出産・出生するということで、母も子も過ちの烙印を押されて、とても生きづらく、その地域のなかに住めない、こういう経験をしています。しかも、騙されて――騙されるほうが悪いんだと言ってしまえばそれまでなんですけれども――出生した子どもは母親の戸籍に入籍します。

当時は結婚によって子どもを得るというのが、「文化」です。そうすると、戸籍に未婚で出産した痕跡が明らかに残っている、そういう人たちがその後、田舎にいて結婚にめぐりあえたり、よい就職ができるのかといえば、その可能性はほとんど乏しい状況の中にありました。

それで私は、親が望む場合には、国際養子縁組をいたしました。それは家庭裁判所と、アメリカやヨーロッパにはファミリーをサポートする専門スタッフを配置したアダプション・エージェンシー（養子縁組仲介者）というのがありますので、そこと連携をとって行いました。日本の裁判所をきちんと通し、各々の国の移民局を通して移民の手続きをし、それぞれの国の家庭裁判所で、養子縁組を成立させる、ということでした。しかし、「こどもの権利条約」が成立した後、国際養子縁組を実施したことはありません。

私は今日でも、「文化」が変わるべきだと思っています。結婚して子どもを生むというのは、確かに日本の「文化」です。それを否定するということではありませんが、出生した子どもを社会が愛でていく、こういう「文化」が形成されていく必要があると思います。子どもたちが中絶されていく背景の中には、少なからず日本の「文化」、そういったものも関係していると思います。

確かにリプロダクティブ・ヘルス／ライツ（本書二九頁参照）、これは権利です。そして、私たちが女性の権利であると主張すると同時に、子どもの生きる権利も考えていく視点は大事です。どんな経過の中で出生したにせよ、こどもの生命を寿ぐことは、真の意味での男女共同参画社会の実現や少子化問題を考える際に、欠いてはならない大事な点ではないかと考えます。

また、施設の中に入ってくる子どもたちの背景は、少しずつ変化しています。私が携わった二七年間の初期の段階では、捨て子がありました。それからコインロッカーのなかに新生児が置かれるという問題もありました。堂本暁子さんが一生懸命にキャンペーンとしてやってくださった劣悪な無認可の施設、ベビーホテル問題（本書一六頁参照）も、子どもたちが置かれた悲惨な状況を防御したり改善する力になりました。

それから、施設の中に入ってくる子どもたちの入園理由に、親が子どもを愛せないという事例もその頃から出てきておりました。

「愛情遮断症候群」の子ども

その中で、一つ悲しい例ですけれども、「愛情遮断症候群」ということで一人の男の子が私どもの施設に入ってきました。愛情遮断症候群は、今は虐待のなかに分類されていますが、顔だちが非常に大人っぽくて、皮膚の弾力も子どもらしくない子どもでした。母親は夫から虐待を受けていて離婚したのですが、その子のお兄ちゃんの方は愛せるけれど、だんだん顔だちが別れた夫に似てくる下の子どもは愛せないということで、大学病院のほうから私たちのところに入ってきたのです。

この子は、その後、乳児院から更に児童養護施設に入りました。乳児院というのはゼロ歳からだいたい二歳くらいまで、養護施設というのは二歳からだいたい一八歳くらいまで生活する場所です。若干の年齢の幅があります。この子には、一年に一回、誕生日のときだけ、母親が面会にきてくれていました。それで、待つんです、「お母さん来るかな」って。誕生日のプレゼントを持ってきてくれる親を。

そして、彼が一五歳になったときに、私はこの子に言ったんです。「あなたはわかっているでしょ。お母さん面会に来ても、自動車から片足しか出さなくて、ちょっとだけあなたと話して、誕生日のプレゼントを渡していなくなるでしょう」と。

私は、この子は自立していくべきだと思ったのです。そのためには、親の実像を知ることによって強くなっていく方が良い、そういう思いが強くありました。でも、彼は私に何て言ったと思いますか？「義子先生。お母さんよ、僕を生んだお母さんよ。そんなふうに言わないで。お母さんの本当の姿を知らないでしょ！　そんなこと言わないで！」って彼は言いました。

私はそのとき思いました。ケースワークだとか、カウンセリングだとか、あるいはグループワークだとか、もしかしたら私はたくさんのことを学んできたかもしれない。でも、私はやっぱり技術を用いて、一人ひとりの自立を図ろうとしていたんじゃないか。子どもに寄り添う、というようなことをしてなかったんじゃないか。そういうことを、この子から本当に教えられました。

それからもう一つ。小学校四年生の男の子が、あるとき私のところに来て、「義子先生、僕は乳児院に入ったとき、名前が付いていたか？」って真剣に聞くのです。名前がついていたかなんて、「なんでそんなこと聞くの」って思わず聞いたら、家庭科の宿題で自分の名前の意味を聞いてきなさい、と言われたと言うのです。この子、乳児院に入っていましたから、乳児院で名前をつけたんじゃないかな、そんなふうに思っていたのです。だから、「そうじゃなくて、来たとき、ちゃんと戸籍に名前が書いてあったよ」と言いました。すると「誰がつけたんだろうね」って言うから、「お父さんとお母さんがつけたと思う」と私は答えました。さらに、どんな意味を込めてつけたか知っているか、と聞くものですから、「どんな意味を込めてつけたかは私にはわからない。でも、健一っていう名前だから、多分、お父さんとお母さんは、健康であってほしい、心も体もしっかりと健やかであってほしい、そんな願いを込めてつけたんじゃないかな」って言いました。

そしたらこの子は、お父さんとお母さんが自分の名前をつけてくれた——と、一度も会ったことのない親の姿を自分の名前に重ねて、何回も何回も、「健一って名前、いい名前だよね。お父さんとお母さんがつけてくれた」と、口にするのです。

命の始まりのところで、自分の両親の存在の確かさ、自分自身の出自を知ることができない子どもたち。そういう子どもたちの場合、どのようにアイデンティティを形成していけばよいのか。大変大きな課題に気づかされたのでした。これはその後の、「こうのとりのゆりかご」「赤ちゃんポスト」にいたるまで、私の中での大事な課題として、残り続けております。

そんな状況の中で、仕事を通して学ぶということが非常に多い時代でした。

情報化社会と子どもたち

一九七〇年代以降は、情報化社会と称されますが、マスメディアによって過剰な情報がどんどん流され、子どもたちがテレビだとかビデオだとかゲームだとか、そういったものにさらされ、実体験をしない、遊びをしない、という風潮がだんだん見られ始めるようになりました。自然が変わっていく、仲間が減っていく。増えたのは、娯楽情報、物質的な豊かさ、あるいは〝将来のため〟という口実で学べ学べという風潮、こういったことがどんどん増えて行ったと思います。

ある年の五月のころでした。中学三年生の女の子が施設に入ってきました。この子は入ってきたときに、もうすでに中絶を経験していました。この子の両親は共働きで、家庭教師もつけ、塾にも通って、という生活をしていました。でも、ご両親の帰りは遅かったのですね。

あるとき、繁華街に出かけるようになりました。この子に目をつけていた男性がいました。この子はこの男性と喫茶店に行ったとき、「君みたいないい子がこんな繁華街に来たらだめだよ」って言われ、なんかこう、幸せな気持ちになった、というのです。家庭では「だめな子」「ぐずな子」「本当にあんたはね」って言われていた自分を、そんなふうに「とてもいい子」だと言われて、認められた、と。一枚の紙が与えられ、そこに電話番号が書いてありました。もしまた来ることがあったら、一人では危ないから連絡をと言われ、結局、結果的に彼女はこの男性のために、中絶をするという経験をしました。

この子に私が面接したとき、「私なんかいたっていなくったって、親は心配しないのよ」「お友達のところに勉強に行ってるって言えば、親は何にも言わない」「塾の帰りに、お友達から勉強習ってたって言えば、何にも言わない。いたっていなくったっていいのよ」と言いました。両親のいる家の子でも、自分の存在感の不確かさを抱えていた、ということです。私が働いていた施設には、こういう自己肯定感の乏しい子どもたちが存在していました。

本当に大事だよ、愛しているよ、あなたはかけがえのない子だよ、という愛着の形成がない育ちをした子は、意欲や人への信頼感が乏しいことに気づきます。マザーテレサは、死んでいく方々に対して、「あなたの宗教は何ですか」「あなたのお名前は何ですか」と、その人の宗教や一人ひとりの命名された「個」としての存在感を確かめて、その人に合ったかたちで弔いをしたということは、皆さんご承知の通りです。そういう実例を通して、学ばされていた、ということです。

ご承知の通り一九七三年はオイルショックで、低経済成長時代を迎えます。福祉は後退に向かって見直されていきます。一方、七五年は、国際婦人年という年でもありました。女性の就労、社会進出が進み始めた頃です。

一九八五年には、男女雇用機会均等法が制定されます。そして一九九〇年は合計特殊出生率が一・五七％になって、一・五七ショックと騒がれます。これを、女性が社会進出することと結び付けて論ずる風潮が強まります。いろんなところで、「女性よ、家庭に帰れ」の逆行が出てきたことは、皆様お気づきの通りです。

一九九五年には北京会議（第四回世界女性会議）がありました。私はすでに福祉の現場で、女性の置かれている立場が矛盾に満ちているということに気づかされていました。例えば、年金における女性の第三号被保険者問題、介護や子育てが女性の役割として固定的に考えられていることなども、その例です。また、戸籍法や財産分与権にも人間としての平等感が樹立されていない現実を、まざまざと経験させられていました。そういうことのなかから、男女共同参画社会実現への熱い思いを抱いて、いろんな方たちと一緒に学び、行動するようになっていました。

2　男女共同参画と副知事就任

副知事就任騒ぎ

一九九九年は、ご承知の通り、男女共同参画社会基本法が制定された年です。その年の二月二六日、福島譲二熊本県知事が一人で私どもの施設においでになりました。私が働いていた施設・慈愛園は、県庁から歩いて七分くらいのところにありますから。当時、熊本では国体開催の時期を迎えようとしておりまして、その折には天皇陛下が私どもの施設に視察にお見えになるのでは、という噂が以前からずっと出ていたのです。

それで私たちは、「いよいよ決定したか」って、知事がお見えになったとき、まず思いました。夫もそう思っていたものですから、知事と一緒に部屋に入りました。すると「すみません、あなたはどうぞ後から」といって、夫は締め出されました。なんだか、おかしいなと思いながら知事と対面したら、知事から「副知事になってくれませんか」と。確かに、福祉畑の仕事のほかにも、いくつか県の委員会の仕事をお引き受けしていましたから、私に対しての面識は知事もお持ちだったとは思います。それでも、あまりに突然のお申し出でしたので、「とりあえず、考えさせてください」ということで、その日は終わりました。
二、三日考えても全然結論が出ません。いったい知事は私をどんなふうに評価されて、副知事にとおっしゃるのか。熊本県には当時、副知事は一人しかいません。女性の副知事*というのは、過去には存在していなかったのです。ただその頃、各県を見渡すと、女性の官僚出身の副知事が出始めてきている、という時代でもありました。時代の変化の中で、あるいは知事は私を選ばれようとしたのかな、とも思いました。
しかし、私はそのとき思いました。これまでさんざん、女性が意思決定の場に出て行くことがどんなに重要なことか、いろんな人たちと話し合ってきたのに、いざ自分が副知事にと乞われると尻込みをしてしまう。しかも、それはまだ決定ではなく、これから議会にかかるわけです。私はまずこれは受けなければならない、そう思い決心しました。知事からは「議会を通すまで、絶対に誰にも言わないでくれ」と言われていました。私は当時、人権擁護委員と家庭裁判所の調停委員もして

---

*「女性の副知事」　潮谷が副知事に就任したころ、女性では一九九七年の太田房江（岡山）を先頭に、翌九八年には稗田慶子（福岡）、坂東久美子（秋田）、齋賀富美子（埼玉）、成田榮子（青森）、大泉博子（山口）ら五名が、九九年には潮谷義子（熊本）を含め、前田瑞枝（愛媛）、北井久美子（静岡）の三名が加わり、副知事職にあった。

いました。それらの公務と施設での仕事を淡々と遂行する日々を過ごしていました。知事は、議会関係の役職者の一部の人にはお話をされる必要がありました。どこからともなく、私が副知事候補になっていることが、漏れていきました。

副知事候補になっている話は、当時働いていた福祉施設の職員にはもちろん、誰にも言っておりませんでした。ある日、調停の仕事があって家裁に行きました。そこへ県庁職員が二人見えて、「あなたが潮谷さんですか」と問われ、「そうです」と答えたところ、「とにかく、すぐ帰ってください」というのです。「いいえ、調停の仕事は放り出すわけにはいきません。当事者の方たちを呼んでいますから」と言うと、「しかし、ここにマスコミが押しかけてきますよ」、と。それで初めて、マスコミに漏れたということを知り、調停の係の人のところにいって「すみません、どうか今日の調停を代わってください」と言いましたら、「なんであなた、そんなことを今になって言い出すんですか」と言われたのです。「あの、じつは副知事問題の、人事があって……」と言ったら、「そんなのあなたに関係ないでしょう」と言われ、「いえ、じつは私が候補なんです」。そしたらそれまで鉛筆を走らせながら顔も見ないで仕事をしていた書記さんが、ぱっと手を止めて私の顔を見、「帰って下さい!!」と大声で言われました（笑）。

施設に帰ったら、今度は職員から内線電話がかかってきて、「先生、マスコミの人たちが次々に来て、先生が副知事候補って……あっはっはっはっ」って笑うんです。「ありえません、ってみんなで言ってるんですけど、聞かないんですよ！　あっはっはっは」と。それで私が「いやー、実はなっているのよ」と言ったら、ガシャーンと切れました（笑）。

二月二六日に要請を受け、「女性？」「福祉の専門家？」「他県人で嫁に来ている？」とこんな論議や様々な風評で騒々しい時間を経て、三月の議会で承認されました。

こんなことがありました。私が副知事になったときに、ある方から、「あんたいつから福島知事のこれ（小指を立てたしぐさを見せて）だったのかい？」と言われました。私はもう、びっくりしすぎて、「私には夫がいます！　夫がいます!!」と思わず叫びました（爆笑）。忘れられない、強烈なエピソードでした。

前知事の急逝

一年後の二〇〇〇年の二月二五日、福島知事がテレビに出られたのを拝見していたら、顔面がちょっと歪んでいらっしゃいました。これはきっとお疲れがひどいんだな、と思いました。その前から咳がものすごくひどかったので、私、知事室に行って「ちょうど、副知事をして一年経ちました。少しは慣れましたので、どうぞこれからは、色んなことをもう少し私にまかせて下さい」と申し上げました。

じつはその一方で庁内の一部から、福島知事は副知事にまかせすぎだ、っていう批判がありました。現実には、水俣病の問題、もう一つは国体という大きな課題があって、知事は任せざるを得なかったのです。知事は、「今日の夜、自分は東大のときの仲間たちと、黒川温泉のほうへ行ってゆっくりするから」とおっしゃっていました。

私は同じ日に日赤の関係で、阿蘇に行く用事がありました。夕食時に電話がかかってきて、「知事が黒川で倒れた、だからすぐに行ってください」と言われたのです。しかし「私、行くのいや」と言ってしまいました。副知事になったときに「あんたはこれ（小指を立てたしぐさで）だったかい」って言われたことがトラウマになっていましたから。私が行けば、二人で行ってたなんて評判が立つのがいやだから、と言ったんです。しかし、そんなこと言わないで、一番近いところにいるのだから、とにかく行ってください、と。

黒川温泉にタクシーで向かっているとき、途中で救急車とすれ違いました。時間的なことから考え、これは知事の救急車に違いないと直感的に思い、後を追いました。処置室に到着したとき、日赤の院長から容態の厳しさが告げられました。

ご遺体が公邸に帰ってくるそのそばで、「次の知事をどうするか」という話がみなさんの口から出始める、そういう残酷さも見ました。

知事亡きあと女性たちが決議したことは、どんな人が次の知事になっても、潮谷を副知事に、というものでした。やがてこの願望は、潮谷を知事にというかたちに変わっていきました。そして女性たちの動きと、障がいのある人、お年寄り、ボランティア仲間たちが連動して声をあげました。また、県庁でも時期が時期ですから、次期予算案を立てていて、それが選挙の結果まったく違うかたちになっては困る、と考えたようです。ナンバー・ワンがだめになったら、ナンバー・ツーが、というのは考え方としては当たり前じゃないか、という話も出始めました。多数派の自民党のみなさんの中にも、これでいこうとのお考えが出始めました。多分私なら、自分たちの意志も通しやすくなんとかなるんじゃないか、とお考えになったんじゃないかと思います。

しかし私は、逃げて逃げて、逃げました。副知事要請のときには、男女共同参画という考えもあって受けましたが、選挙となると全然別です。私には、鞄も看板も地盤も三つともない、という状態です。私が車に乗って公務に向かっていると、うわーっとマスコミがどんどん追いかけてきます。「カーチェイスみたい！　気持ちいいね!!」って言ったら（爆笑）、「副知事、今何を考えなきゃならないのかわかってますか」って、公用車の運転手さんに叱られました（笑）。そんな具合でした。

3　そして知事になる

家族もびっくりの立候補

結局、行政に空白をつくってはいけないということが、大きな決断要因になりました。大阪にいた息子から電話で、「友だちが熊本のテレビを見てお母さんが知事選に出るって言ってる。そんなことないよね？」って言うんです。「いや、出る」、と言いました。夫のところにも、記者が詰めかけて「知事選に出られるということですが、どんな話し合いをされて出ることになったんですか、あんなに逃げてらしたのに」と。夫は「テレビを見て、私は今知りました」と答えていました。本当にその通りだったのです。気持ちの上では半ば追い込められるような中での立候補になりました。

開票五％くらいで、当確が出ました。いろんな人がテレビのインタビューでマイクを向けられ、それぞれおめでとうの言葉をくださいました。夫は「すみません、僕にもひとこと言わせてくださ い」と司会者のところに行きましたら、「失礼ですが、あなたはどなたですか」って言われたのです（笑）。

ついでに、夫について言いますと――今日はこの会場にＷＩＮＷＩＮ（ウィンウィン）のメンバーの方がいらっしゃると思いますが、どなたがかけてくださったか知りませんが、私のところにＷＩＮＷＩＮの方から選挙資金を応援したい、という電話を頂戴したそうです。夫はＷＩＮＷＩＮを全然知らないものですから、後で私に「得体の知れない女性のグループのＷＩＮＷＩＮっていうのが、選挙を応援して資金を出してくれるって言ったから、きっぱりと断っておいた」（笑）と言うのです。

本当に、私たちにどんなにお金がないか。女性が選挙を応援するというのは、コーヒー一杯を積み立てていくお金しかないんですよ。ですから、お金がない人たちがする選挙というのは、ボランティア、これが実はものすごく戦力になったということです。

本当にお金がないなかでのＷＩＮＷＩＮからのお申し出、これはとっても素晴らしいことだったのに、夫が断わってしまったのです。

選挙戦最中に、「しずかさんが来る」という話が出ました。きっと「亀井静香さん」と言われたのでしょうように、私は「しずかさん」というのだけ覚えていて、いろんな人たちに、「来てね、工藤静香が来るのよ」って言って回ったんです。私の友達や施設関係者は、「もう是非、行く！」って。そして壇上で見たら、亀井静香さんが座っていらっしゃる。「え、これいったいどうしたんだろう」って、仰天してしまいました（爆笑）。こんなに疎い状態の選挙戦でした。

知事選と政界の構図

対抗馬の方は共産党の方と自由党系の方でした。自由党系の方は自民党員として県会議員、参議院議員も経験したベテランとして、知事選に出馬されたのでした。過去の経歴から、ＪＡ、酪農連をはじめ各政党の人々の支持があり、「男性中心」の主義・思想の方たちも含んだ支持母体は広範であり、新聞は絶対にこの方が優勢と報道していました。

そのような中で選挙公約をどのようにするか、という大きな課題がありました。私は福祉現場を二七年間やってきました。そのなかで、「福祉はその利用者こそ主座」という視点だけはしっかり学ばせてもらっていました。

そこで「県民中心」と掲げ、加えて、私のライフワークでもある環境問題、女性問題、持続可能な社会を願い、「県政は未来社会からの預かりもの」、そこに付加価値を生み出し県民に戻すことを決心しました。

一方で、県民のニーズ調査では、福祉の充実が望まれていました。これは、私の一つの追い風にもなりました。私は、社会保障の領域が豊かであるためには、経済を連動して考えるということを忘れてはならない、という思いがありました。環境面、高齢社会の実情を踏まえて、第一次産業を考えるとともに、税収面から企業を誘致する、という主張を訴えました。

私が選挙に敗北するだろうと言われていた背景には、当時の知事像というのが、八〇年代から九〇年代前半までは、官僚出身の知事が多かったということがあります。加えて各政党の相乗りというかたちが多く、結果として議会との対立は少なかったのです。それが、九〇年代後半から二〇〇〇年にかけて、次第に変化していきました。有権者の政党支持離れ、無党派層の存在、手づくり選挙、草の根選挙、というようなことが言われ始めていて、私より二カ月前に当選した、通産官僚のご出身で大阪府知事になられた太田房江さんが、オール男性知事の殻を破った最初の女性でした。しかし、私は福祉出身、行政経験も乏しい等、通る可能性は低いという評価でした。

中央政界は、自民党・公明党・自由党が与党という状態でした。私は、小渕恵三首相のときに立候補して、当選したときには森喜朗首相になっていました。小渕首相の不幸な出来事、病死なさる*ということがありましたから。

議会で立候補表明をいたしましたときに、選挙公約を明確に伝えました。そうしたらその途中で、議会に来ていた傍聴者席から、「おなごの尻にひかれるとかぁ、おまえたちは〜っ」(爆笑) という野次が飛んだんです。「腰抜け自民党!!」(爆笑)。

それで守衛さんがどなっている方たちを引っ張り出すという、本当に熊本らしいといえば熊本らしい、そんな一幕がありました。

台所感覚、県民感覚と県財政

当選後、公約の実現、地域共生型社会をどのように実現していくのか、ということが私の大きな課題でした。九九年に熊本で国体を開催したということもあり、本当に県財政は厳しい状況にありました。福祉しか知らない私が、いったい県財政の運営をどのようにやっていくのか、私は率直に

＊「小渕恵三首相病死」 二〇〇〇年四月二日脳梗塞で倒れ、緊急入院。青木幹雄内閣官房長官が首相臨時代理に。後任は森喜朗首相。

言って、県民も含めて多くの人が不安だったのではないかと思います。

しかし、幸か不幸か、いや幸いなことにというべきでしょう、私の勤めていた法人は、一一の施設がありましたが、それは連結決算の収支をしていました。この経験から、県財政を考えてみると、やはり構造的に財政を見直していくことが課題ではないか、と思いました。人件費を削るべきだとマスコミは言います。もちろん、一般的な方々と給与の水準が違う部分は私も削るべきだと思いました。しかし、財政問題を人件費を削っていくというやり方で対応することは下の下という考えが、私にはありました。ゼロになるまでそれでやるんですか、というのが私の気持ちでした。

財政を構造的に見直すという決心は揺るがすことなく実施することを、明確に県職員に伝えました。その観点は、第三セクターのあり方、人材の活用、各種団体への県費助成の費用対効果、更には、コピー紙の両面使用、光熱水費、各部局の臨時・アルバイト職員の効果的配置と見直しの検討にまで及びました。とりわけ、県費を支出し、運営を委託する第三セクターについては、副知事時代にその杜撰な経営状況に承認印鑑を押さない行為を取った経験を持つ私は、財政課をはじめ関係部署に徹底した点検を求め、第三セクターとして運営する妥当性についても、説明責任を課しました。

この方法は、県庁職員をはじめ庁外の人たちからも「女性だから、台所感覚のやり方」と批判が出ました。今考えると、私も負けてはいなかったなと苦笑してしまうのですが、「もちろん、台所感覚、県民感覚、日本人感覚、国際的感覚です。税金を預かって財政運営するには、この感覚が大事です。全職員、この感覚を持って、構造改革をしたいと思っています。皆さんの知恵が私には必要です」と強気でした。

この姿勢もあって、県の財政基金は少しずつ積み増していくことができました。

エポック・メイキングだった二〇〇〇年

二〇〇〇年に私は知事に就任しました。じつは、一九九九年副知事になったときも、この二〇〇〇年も、時代が私を支えてくれた、という思いを持っています。一九九九年、男女共同参画社会基本法が制定され、二〇〇〇年にはこの基本法に関して、条例をそれぞれの県がつくり、基本計画を定めることになりました。熊本県でも女性たちがどんな立場に置かれているかを、まず客観的に把握して、女性たちが非常に大変な状況にある、ということをはっきりさせ、第一次産業をベースにおいて考えていく条例にし、これを熊本県の特色ということにして打ち出しました。

二〇〇〇年には、地方分権一括法（本書一〇五頁参照）が施行されました。この法律以前の公務員は、中央集権のもと、法令や通達、規則を遵守し、前例踏襲、財政的にも地方交付税に頼り、地方自治は国依存という状態でした。地方分権一括法が通ることによって、地域の実態をまずしっかりと知らなければならない。地域のことは、地域で責任を持つという、こういう時代に変わっていったのです。いわば、「ガバメントからガバナンスへ」、中央集権から分権へ、責任と権限を持つ行政システムに変わっていくという、そういう時代をこのときに迎えたのです。これ以前は全国一律の平均像で、国がいろんな施策を出してきていました。それは地方の実態像とかけ離れた使い勝手の悪い施策、ムダ、ムリのある状況を生み出してもいました。

さらに国は、一九五一年の社会福祉事業法を見直し、二〇〇〇年に社会福祉法を定めました。背景に少子高齢社会と低経済成長、家庭機能の衰退、あるいは地域社会の連帯感の衰退やニーズの多様性、そういったものが大きな要因としてありました。社会福祉法は、措置体系から、選択と決定、契約、何より人間の尊厳を守ることを明確にしました。この年、介護保険法が始まりました。さらに障がい者支援制度、これも始まったところでありますし、人権教育及び人権啓発に関する法律が整備、バリアフリー法、児童虐待防止法が制定されました。

この二〇〇〇年は、エポック・メイキングの年と位置づけられるでしょう。この時代、知事の権限と裁量の拡大、地方は末端行政から住民主体の先端行政をめざしていくことを、自覚させられました。

しかし、そんな中にあって、水俣病は法定受託事務*として残りました。ですから県で決定できないというもどかしさがありました。それと、川辺川ダムです。川辺川は一級河川ですから、国が管轄する、と。地方の裁量権と権限が拡大されたはずなのに、この二つは国の中にがっしり根を下ろしたままだった、というような状況だったのです。このお話は後でいたします。

県民が暮らしやすい環境を、いったいどういうようなかたちで私はつくっていけばいいのか、ということが差し迫った課題でした。

ユニバーサル・デザイン

社会福祉の基本は何かと問われると、生存権の保障、こう申し上げてよろしいかと思います。生存権の保障が県政にも実現されなければならない、ということが大事です。

ひるがえって、私自身はいったい今まで県政のなかに何を期待してきたんだろうと考えたときに、やはりそれは「命と健康と暮らしの安全・安心」であったと考えました。今までの県政は、何をやっているかあんまり見えなかった。県政は県民から遠かった、という感想が率直なところです。情報公開、費用対効果、いま県は何をやっているかという説明責任、これはしっかりとやっていかなければならない、とそういう思いがありました。

どんな理念で実現をしていくか、それがユニバーサル・デザインでした。でも、対外的にそう言

＊「法定受託事務」　地方分権一括法により、機関委任事務など従来からの事務区分は廃止された。地方公共団体の事務は法定受託事務と自治事務に再編成されたが、自治事務に比して法定受託事務には国（都道府県）の強力な関与の仕組みが設けられている。詳しくは、本書、西尾論文参照。

くまもとユニバーサルデザイン宣言〜『創造にあふれ、“生命《いのち》が脈うつ”くまもと』に向けて〜

> 一人ひとりの個性が輝く　くまもと
> 新たな創造の営みに満ちた　くまもと
> やすらぎと心地よさのある　くまもと
> それこそ私たちがめざす社会の姿です
>
> 私たちは
> 21 世紀のくまもとづくりに向けて
> ユニバーサルデザインの精神を胸に刻み
> お互いに力を合わせ
> 生活のさまざまな活動に
> その考えを取り入れて行くことを
> ここに宣言します。
>
> くまもと
> ユニバーサルデザイン

ったとたん、議会で「横文字で言うなーっ！　日本語で言えーっ！」、という反応でした。

ここで少し、ユニバーサル・デザインにふれてみます。一九九〇年にアメリカでADA法（Americans with Disabilities Act of 1990）が施行されます。障がいを持つ人の社会参加、雇用の機会均等、環境、製品やサービスの利用等を権利として保障する、という、これが法律の中身です。このADA法がアメリカで広がり始めるときに、ユニバーサル・デザイン（以下、「UD」と記す）という考え方を提唱したのが、ノースカロライナ州立大学のデザイン科の教授をしていたロナルド・メイス*でした。最初からバリアをつくらない、という主張を展開していったのです。

この二つの方向が結びついて、のちにADA法は、公文書等にも変化を生み出します。たとえば、障がい者と言う表現に関しても、最初は「ディスエイブルド・ピープル（disabled people）」と表現していたのですが、ＵＤが広がってくると、「ピープル・ウィズ・ディスアビリティ（people with disabilities)」、障がいを持つ人、という人間の属性とする表現に変えていく、ということが出てくるわけです。私はＵＤの理念は、人権と平等と自己実現をめざすことにある、と考えました。社会の構成員でありながら、社会からこぼれてしまっている人たちも、共に住みやすく、暮らしやすく、社会の構成員として包み込んでいくべきだと思い、このＵＤの考え方に立って県の総合計画を立てました。

▲議会で発言するある日の著者

県民が暮らしやすい環境に囲まれて、それぞれの個性を発揮し、積極的に社会に参画できる県づくり、と言うと、そんなの理想だ、と言われました。私は理想は高く掲げ、志は高くありたい。志が低かったら、どんどん低きに流れていきます。ＵＤは、プロセスを重視し、当事者を参加させ、これでいいのかな、これでいいのかな、と絶えず検証していくこと

＊「ロナルド・メイス（一九四一～一九九八年）」アメリカの建築家。ノースカロライナ州立大学デザイン研究センター所長を務めた。自身が障がいを持ち、人工呼吸器と車いすの生活をする中で、バリア・フリーを一歩進めたユニバーサル・デザインを提唱したことで知られる。

を必要不可欠の条件としています。そこにはPDCAサイクル（plan-do-check-act cycle）をきちっと考えて、行政を展開するということが繋がっています。そう考えて、県の基本目標を「創造にあふれ、〃生命《いのち》が脈うつ〃くまもと」と掲げました。

そしたらこれにも、「文学少女じゃあるまいし」と言われました。が、創造にあふれ、というのは、ものを創りだしていくという創造と、もう一つはイメージするという想像。命が脈打つ、というのは老いても、女性であっても、子どもであっても、病んでいても、障がいがあっても、その命が本当にその人らしい充実感や躍動感に満ち、自己実現できる。そういうような熊本でありたい、というふうに考えました。それで、UDは、二期にわた

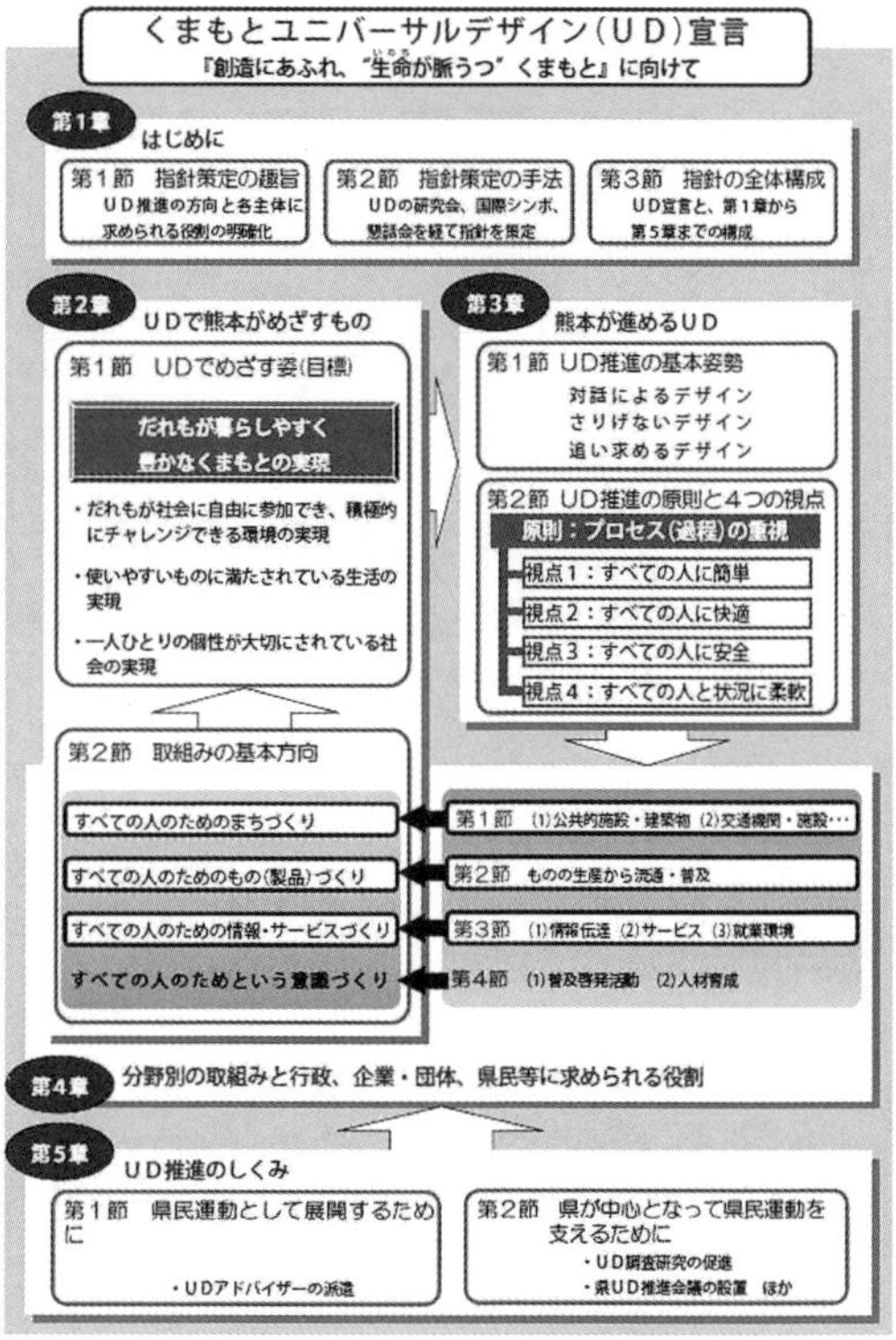

▲「くまもとユニバーサルデザイン宣言」

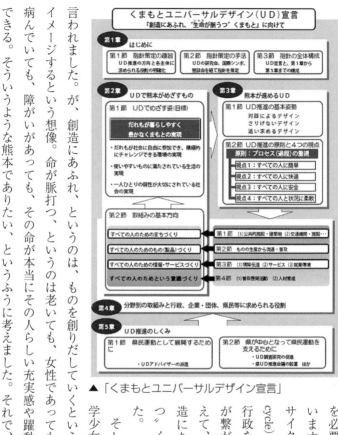

って、絶えずいろんな課題の中で意識しました。

UDを生かした取組み

県政は「県民からの預かりもの、未来社会からの預かりもの」、これが私の二期八年の知事職としての考えでした。預かりものの県政に付加価値をつけて県民に返していく責任と義務があると考えていました。

すべての人を視野に、誰もが住みたい、住み続けたい、熊本に縁を持ちたい、と思えるよう、地域共生社会を実現することをめざしました。UDの視点から、公共施設、交通、建造物、道路、公園、情報、サービス等々を分析し、問題の所在と解決のプロセスを県民参加の中で遂行しました。小学生たちが「UD探検隊」を作って、自販機のお金の投入口の高さとか、公共施設のカウンターの高さが、車いすの人には使えないこと、子どもには、内側で働いている人の姿が見えないことを指摘してくれました。

また、二〇〇六年には「地下水保全条例」「みどりの財産づくり」を、この観点から施策化しました。熊本市では一〇〇%、熊本県全体でも六〇%の人々の生活用水は、地下水で賄われています。ミネラルウォーターで入浴し、車を洗っているような日常があります。水を大事にし、汚させない、水資源の涵養を行うことを責務としつつ、畜産業を営むところの糞尿、廃棄物、排水の不適正処理を防止し、環境アセスメント基準は国より厳しいものとしました。熊本県の森林面積は県土の六三％にも及びます。森林の機能には、水の涵養、ＣＯ２抑制、山の崩壊の抑制・防止、河川・海の魚族を豊かにすることなど、様々な働きがあります。森林の保護保全を担うのは、森林業や森林地の人びとだけの責務ではなく、このすばらしい機能を維持するために県民の多くの人びとがともに役割を担うことが必要であると考えました。ここから「漁民の森活動」、企業による「森林の保全、植林活動」が展開されて行きました。

　地域福祉計画では、「地域ささえ愛プラン」のネーミングで、「ともに創る・地域共生くまもと」の実現をめざし、具体的な観点を「地域の縁側づくり（＝チョイチョイつどい）・地域の結づくり（＝ニーズ対応のボランティア活動）・地域の力おこし（＝社会資源の活用）」の三本柱にし、住民参加による個性ある街づくりをめざしました。制度にはまらない、型にはまらない、施設にはまらない柔軟な発想から、多様なサービスを創出する仕組みづくり、利便性の高いサービスの創出は、既存のサービスでは十分でなかったり、対応できません。サービスとサービスの間（隙間）を埋めることが必要になります。この発想を具体的に実現させるために、熊本市健軍町にあった引揚者住宅を改築し、モデル拠点としました。二〇〇四年地域ニーズ調査を実施し、それに基づいて住民参加の会合を積み重ね、二〇〇五年一〇月、健軍くらしささえ愛工房、通称「おーさあ」*が誕生しました。またこの活動を支援するための地域リーダー養成講座「地域塾」も開設しました。さらに「おーさあ」はニート、不登校のために「くまもと若者サポートステーション」を発足させました。ここに集うメンバーが、高齢者のボランティアや「おーさあ」の掃除を積極的に実施したり、障がいを持つ人たちが地域の学校に出向いたりしました。シャッター通りだったところは、近郷の農業の人たちの出店、地域の趣味グループによる配食サービスや小レストランへと展開し、今では雇用を生み出しています。

このモデルをもとに各々の市町村では、その地域の特色・特性・ニーズを把握し、合併で必要性がなくなった学校や公民館などを利用して「地域の縁側づくり」を誕生させていきました。このモデル事業はすでに二二五箇所を超していますが、県職員は五〇〇をめざすと張り切っています。私が在職していた期間で終わらないで、この熊本型ＵＤの理念を生かす事業は今も継続しています。二〇一〇年の全国知事会が「先進政策・創造政策」であると評価し、表彰しました。

＊「おーさあ」デンマーク語で「〜と一緒に」の意。ここに日本語の〝おー、さあやろう〟の意味を掛け合わせたもの。「健軍町おーさあ」はＮＰＯおーさあが運営し、現在、小規模多機能型居宅介護、通所介護事業、生活介護、保育園（親子利用や一時預かりもできる）、喫茶や配食サービス、お惣菜の販売、そして若者サポートステーションなどの事業を展開している。

4　忘れられない出来事

川辺川ダム問題と住民討論集会

なかなか思い通りにいかなかったことも、多々あります。

川辺川ダム問題の計画は、一九六六年に始まっています。二〇〇〇年、ちょうど私が知事に就任したときに、ずっと川辺川ダムに反対してきた五木村が、推進に変わりました。もともと、人吉と八代を洪水から守るという治水から始まって、それに農業用水にするという利水、発電が加わりました。つまり、多目的ダムに変わりました。この頃、この流域だけでなく、熊本県全体、そして日本の中でも、ダム推進と反対の考え方が渦巻く、という状態にありました。

私は、当時、このダム問題について県民は理解していると思っていました。ところがボランティア仲間たちに聞いてみると、まったく基本的なことでさえ理解できていませんでした。「だってあの地域の人はダムつくるって言っているから、つくらせればいいじゃない」と言います。「いや、莫大な県費が出て行くのよ」と言ったら、みんなびっくりするんです。

それで私は、二〇〇一年に、川辺川ダム問題について誰もが事実を知る必要があるという観点から、住民討論集会を開きました。地域住民のみなさんはもちろんですけれども、オープンに国と反対派と推進派各々がダムの是非について論議をし、そういう経過を経て知事が流域の首長の意見を聞く、ということにしました。この討論集会は、熊本型自治、として評価されました。

最終的な決定は、国のほうで小委員会がつくられ、知事はそこに参加し意見を述べる仕組みになっています。そこで言われたのは、「知事が自ら参加する必要はありませんよ。だいたいどこの県もダム問題については、土木部の部長さんが出てくるから最後のところで意見を述べてくだされぱいいですよ」ということでした。でも私は、「いいえ、私は出席します」と応じました。しかし数回にわたる国主催の小委員会の期間中、あろうことか、マンホールの段差につまずいて、骨折しました。関係者は、ご好意と思いますが「ご無理なさらないでください」とお声かけくださいましたが、足一本なくしても、参加するぞ、という気持ちがありました。

私は、川辺川に対しては絶えず、本当に勉強しました。川辺川ダムっていうのは、河川工学なんです。検討会の委員の方々はダムをつくることに賛成の立場の人が選出されています。私はこの方々の前には、まさに素人です。対等とは言えないまでも疑問や質問は県民にかわってしたい、そのためには必死で学ぶ必要がありました。読書百遍、意自ずから通ず、何回言ったかわかりませんが、勉強しました。県の河川課の職員にいろんな質問をします。そして疑問を投げかけます。ところが国の小委員会に行きますと、私が県の職員に疑問を投げかけたことが、まだ質問もしていないのに、事前にちゃんとお答えが来るんです。あ、これは県のほうから情報がいっているんだなと、いくら鈍感な私でもわかりました。後から聞いたら、やはり河川工学というのは、縦で繋がっているそうです。数少ない専門家は先輩後輩の繋がりがものすごく強いとのことでした。私はこんな状況の中でどうしていいかわからない、疑問質問もどう表現していいかわからない状態でした。ホテルのベッドの上に、ダム反対派が言っていることと、推進派が言っていることをメモしてずらっと並べ、一生懸命に疑問点を自分なりに質問として構築する準備をしました。

「河川にも自治がある」、ということを、新潟大学の大熊孝先生が書いていらっしゃいました。大熊先生のご本を一生懸命に読ませていただいたり、それから県の職員にも、国の管轄である一級河川で質問するといけませんので、二級河川に置き換えて、流量計算を教えて、と訊ねたりしていました。

少し話は前後します。知事をやめようと思ったその原因のなかに、川辺川ダム問題があったことは事実です。県議会は、ずっと川辺川ダム推進の立場でした。知事就任当時、ダム予定地の現場に立ち会ったときに、人吉市と八代市の財産と人命を守るためにダムをつくるのだ、と言われました。

しかし、相良村の水没地域では、学校が沈みます、家が沈みます、お墓が沈みます。人命は失われないかもしれませんが、この地域の人達が自分の命と同じように大事にしてきた歴史・文化・伝統が失われ、人々や動植物を育んできた自然は衰退して行きます。私には、これも「生命と財産」だと思えてなりません。ダムが人吉市と八代市の「人命と財産」を守るという大義ゆえに建設される一方、水没地の人々の「生命と財産」、そして貨幣価値のみでは計れない程、人が生きる上で大事にしなければならないものを、失ってもいいのだろうか。この矛盾に満ちた論理に、承服しがたいものがありました。

また、水没予定流域の老朽化した小学校が移転後、ダム建設で出る土砂を活用して建設される予定であることを知りました。いつ工事が決定され開始されるかも判らないダムと連動させて建築されるという事業計画には、驚きあきれました。即座に、これはダムによる教育権の侵害であると、五木《いつき》村及びダム工事現場の人々に口頭で抗議しました。やがて、ダムと関連なく小学校建設は着工され、完成しました。

水没地域の相良《さがら》村がダム中止を求める首長を選挙で勝利させ、ダムによる治水の受益地・人吉《ひとよし》市も推進派首長が退陣し、中立派に変わるという変化が始まりました。ダム建設計画からの長い歳月は、地域に大きな変化をもたらしていました。流域住民、県全体に、川辺川ダム問題に対する理解が促されていったと言えましょう。このような状況の中で、ダム推進派、中止派のいずれからも、ダム中止か続行か、態度を明確にすべしと、知事の姿勢に痛烈な批判があがりました。おかげで、議会、特にダム推進派県議の間では、私に対して「やおいかん女」と言って陰でくさしていたそうです。「やおいかん」っていうのは、頑固で人の言いなりにならない、という方言です。

態度表明を明確にできなかった理由は、簡単ではありません。ダム問題で形成された根深い対立感情があります。水没予定地はもちろん、保証金を得て他の地域に居を定めた人々の離村は、人口減少をもたらし、産業・経済にダメージを与え、相良村、五木村のみならず、球磨《くま》郡全体が疲弊していました。さらには、ダムをつくることを前提にした道路の整備、国からの交付金は、「ダムを中止する」と県が口にした途端に、財源的な責任はもちろん、地域再生のシナリオも求められることになるわけです。この打開策は、軽々に構築できるようなものではなかったからです。

私の強固な姿勢と、推進派県議をはじめとする人々との狭間で、県職員の苦労は私にもひしひしと伝わっていました。

その一方で、発電目的の県営荒瀬ダムは、すでに五〇年の歳月動き続けていました。耐用年数を考えると、ダムのための部品交換が必要になっていましたし、このダムの発電利用が県にとって重要な時代は終わっていました。また、流域の人々はダム稼働のたびに振動と轟音に悩まされ、家屋は歪み、悪臭と赤潮で鮎をはじめとする漁獲は激減していました。費用対効果の検証をし、県議会の意思を確認した上で、この荒瀬ダムは廃止することにしました。日本で初めてのダム撤去の決定をしたことになります。

ダムは構築するにも、撤去するにも、莫大な財政支出が求められます。その財源は県のほかの施策を圧迫し、サービスを低下させます。つまり、他の県民サービスを低下させてもダムは必要と考えるのかどうか、その優先順位の妥当性を県民にきちんと説明する責任が行政にあるということです。川辺川ダムについては、民意も明確に把握できないこと、責任遂行の方向を明確にできるほど機は熟していないこともあって、〝県民主座〟の県政の舵取りを、私はダムについては〝中立〟のままに貫きました*。

水俣病

県政の重要な課題のもう一つは、〝水俣病問題〟でした。チッソ水俣工場は、戦前の昭和七（一九三二）年から稼働し、水俣湾および不知火海一帯に有機水銀を垂れ流していたのですが、その結果、魚を食した人々、ネコ、鳥に至る生物までが、病を発症しました。正式に水俣病と発生認定をされたのは、一九五六年五月一日です。五歳の女児が発症し水俣保健所に原因不明の中枢疾患として届け出られたことをもって、公式確認されました。この被害は水俣のみならず、天草、鹿児島県にまで及び、メチル水銀によって神経、脳が侵され、重症化して死に至る人々も出ていました。未知の病を発症した人々は「奇病」「伝染病」と地域社会から差別され、貧困の中で暮らしながら、病状を隠し、水俣出身ということも隠し続ける姿がありました。このことは、水俣病認定申請をた

＊「ダムについての態度」 その後、潮谷知事の後任である樺島郁夫知事によって、川辺川ダムは中止、県営荒瀬ダムは継続と、潮谷とは逆の結論が下された。

▲原田正純さんと著者

めらわせることにも、つながっていました。

一九六八年、厚生省（現、厚生労働省）が、原因をチッソによる排水のメチル水銀化合物と断定しました。この後に、チッソに賠償を求めて第一次訴訟が提起されました。その後も「水俣病」の診断基準をめぐる訴訟（公害認定訴訟）が、累次にわたって提起されて行きますが、ここでは省略いたします。

一方で、胎児性水俣病が公害の結果であると認定されるまでには、時間を要しました。胎児は胎盤によってはぐくまれますが、胎児に有害なものは胎盤が通さない、と考えられていたからです。したがって、母胎の中の胎児が有機水銀によって侵されるとは、考えられないとされました。

原田正純先生*は、常に弱い立場の人に寄り添い、耳を傾ける医者であり、学者でした。「お腹の中から水俣病になっていた」と訴える親たちの言葉に心動かされた先生によって、胎盤が水銀を通すことが実証されました。子どもの生命の誕生を寿ぐ日本の伝統文化の一つに、「臍帯保存」があります。生まれたときのヘソの緒を保管しておく、という習慣です。原田先生はそのことに着目し、その臍帯を譲り受け、水銀を検出したのです。そして一九六二年、一六人が胎児性水俣病として認定されました。

さて、私の在任中二期目の二〇〇四年のことです。県庁に水俣病対策が進展しない状況に対して抗議に見えたグループがありました。この時、「胎児性水俣病の実態を、知事は知れ！」と怒鳴られました。確かに、家庭内で過ごしている胎児性水俣病の人たちとは、それまでお会いしたことがありませんでした。で、家庭訪問を受け入れてくださった家々を訪問することにしましたが、マスコミが興味を示し、ゾロゾロとついて回る始末でした。老いてゆく親たちは子の介護と世話に疲れ、将来に不安を抱き、不条理さを嘆き、わが子を不憫と思う心情が、国、県、チッソへの怒りにもなって現れました。想像以上の症状の重さに絶句しました。記者会見をしたマスコミから、「今後も胎児性水俣病の人たちの家庭訪問を続けるのか」と問われ、「いたしません」ときっぱり答えたことを、今でも思い出します。それは拒絶ではなくて、無力さゆえに口にした言葉でした。

私は実態を知らなかった。しかし、知った今、行政には何ができるのだろう？　と問い続けました。水俣病は法定受託事務ですから、どんなに私が国に、水俣病に対して一緒にやって行きましょ

＊「原田正純（一九三四〜二〇一二年）」　医師として半世紀、水俣病発見に貢献し終生患者に寄り添い続けた。学際的な「水俣学」を提唱し、朝日賞を受賞。

うというようなことを申し上げても、国はなかなか変わっていかない状況がありました。そういうことでも職員を相当苦しめたと思いますが、この国との受託事務関係が変わらない限り、本当にどうしようもない、という感じが今でもいたします。

ところで水俣市湯出地区大森に「産廃阻止の碑」があることをご存知でしょうか。二〇〇三年、水俣市湯出地区に日本最大規模の産業廃棄物最終処分場の建設案が浮上しました。その規模は水俣市民の一般廃棄物の四〇〇〇年分に当たるほど膨大な量の最終処分場であると、専門的に計算した人もいるほど大きいものでした。水俣病に自らも罹患し、いのち果てるまで水俣病の語り部として活動した杉本栄子さんは、生前この産廃計画に、「海にはチッソの水銀が眠り続ける埋立地を抱え、山には産廃を有するとなれば、水俣は息ができんごとなる」と声を発しました。『水俣みずの樹』（藤本寿子、海鳥社、二〇一一年）の中から、杉本栄子さんが訴えたことばを引用したいと思います。

公害というとは、五〇年経っても一〇〇年経っても終わんとです。水俣の水がめの上に処分場ができれば生きている気がしません。水俣病で親がやられ、子がやられ、孫の時代はホッとする、よか町がくるバイと思うとった。毒は急にきません。近くの人がやられ、おいしい水が飲めなくなり、最終的には海にきます。県の先生方、どうぞ、私たちを泣かせるような許可はしないでください。お願いします。

この日から二カ月後、栄子さんは亡くなりました。

二〇〇三年五月一一日に始まった産廃計画は、幾多の反対運動を経て、二〇〇八年一一月に事業者が撤退に追い込まれ、終止しました。四年に及ぶ歳月の中で、市民は産廃反対派の市長を誕生させ、九〇%に及ぶ人びとが反対の声をあげ、国、県はもちろん、計画事業者の取引銀行にまで中止を求める意志を明確に訴えました。

栄子さんは「水俣病はのさり」と表現しています。「授かりもの」の意味も含み持つこの言葉は、水俣病を通して人、自然への思いやり、その人らしい幸せを得る自己実現、自らが差別・人命軽視をしない生き方を実現させていくことの必要性を訴えています。また、水俣病組織団体の一つである「本願の会」のメンバー緒方正人氏のことばも引用します。「水俣病五〇年に及ぶ生命受難の物語るメッセージは、命を尊ぶ生命倫理の蘇りである」。

ともあれ、知事退任時の二〇〇八年、水俣市に胎児性の人たちが通い、暮らし、人々と交流する場所、〝ほっとハウス〟と命名される施設をやっと誕生させました。今もここを拠点として、多くの人たちに支えられ、認知されて、充実した活動が広がっています。

今日水俣市は「環境の市・水俣」をめざす道を着実に歩みだし、ごみの二二種分類をはじめ、市民グループ、地元企業がネットワークを形成し、環境問題に取り組んでいますし、そのことは高い評価を得ています。市民は理論や理屈を超えて、水俣病体験に学び、循環型社会、持続可能な社会をめざし、成果を上げていると思います。

県においても、すべての小学校五年生の授業に、現地で語り部の話を聞き、写真、ビデオによって水俣病理解を深め、環境センターの見学やごみの分別状況を実際に知るなど、「水俣病学習」を展開しているところです。

川辺川ダム問題、水俣病問題はいずれも、日本の公害問題と経済優先・環境問題が人命軽視、地域の衰退と表裏一体の関係の中で顕在化したものと言えましょう。

ハンセン病

全国発信してきた事例として、もう一つ、ハンセン病*を取り上げたいと思います。

人間の尊厳を踏みにじったハンセン病の歴史は、長いものです。医学・教育の保証さえ得られなかった人々の真の社会復帰は、困難を極めました。熊本県にもハンセン病に関係ある人々が暮らす菊池恵楓園があります。

一九九八年、「ハンセン病国賠訴訟」が熊本地裁に提訴されていました。主訴は「無ライ県運動」というものの及ぼした人権侵害に対してその回復を求める、というものでした。一九三一（昭和六）年に「ライ予防法」が成立した後、官民一体となってこうした運動が展開され、県内に一人のライ患者も放置せず、病院施設に収容し、閉じ込めて来たのです。また医療においては断種と堕胎が強行されました。戦後、ライ予防法は、四六年、五三年と見直しがあったにもかかわらず、入所規定はあっても退所規定はないままで、患者は閉鎖社会にそのまま放置され続けました。一九九六年にライ予防法が廃止され、やっと強制隔離政策が法的に終焉しました。

二〇〇一年五月一一日、原告側の全面勝訴が確定しました。直ちに県として関わってきた歴史を検証し、謝罪をし、同時にハンセン病の正しい理解・知識のために啓発活動を実施しました。現地で学ぶ体験型プログラムの実施には、子どもたちにも参加してもらいました。加えて恵楓園入所中の皆さんには社会復帰、地域交流の具体的希望を面接して伺い、地元市町村と共有して行きました。

勝訴判決の日、「この裁判は、われわれの人間回復だ」と表現した原告団でした。本当にそうだったのでしょうか。二〇〇三年一一月一三日、「黒川温泉宿泊拒否事件」が起きました。ハンセン病元患者の人たちが、黒川温泉旅行を計画していました。しかし、宿泊予約を受けていたホテルは、

＊「ハンセン病」 現在使用されている正式な名称は「ハンセン病」である。しかし歴史的には「ライ予防法」など、それぞれの時代背景のもとに長く使用されてきた名称もあるため、ここではあえて統一しなかった。「ライ予防法」以前から、ハンナ・リデルら宣教師による患者救済事業は行われていたが、同法成立後、「無ライ県運動」などのキャンペーンが張られ、すべてのハンセン病患者を隔離する動きが強められた。目的は兵士として召集した者から感染者が出ることを恐れての患者刈込みであった。コラム参照。

ハンセン病を理由に拒否したのです。予約の段階では、宿泊する人たちがハンセン病歴があるとは知らされていなかったので受け付けたが、病歴を知った以上は、お断りしたいということでした。ハンセン病の病原菌がどんなに弱い感染力しかないこととか、医学上・生活上の現状について説明しても、他のお客様に迷惑をかける、ホテルの今後にも支障がある、と言って、頑として受け入れることはしませんでした。

この状況がマスコミに報じられるや否や、拒否したホテルを擁護し、ハンセン病元患者、そして私に対する誹謗・中傷が始まり、広がって行きました。改めて、長い歴史の中で形成された人権侵害と差別の根は深く、いつでも息を吹き返してくることを、見せつけられました。「法」が真の人権保障をするのではなく、一人ひとり意識の改革を促す啓発・理解が、根気よく継続されることが求められている、と実感しました。

県は直ちに「人権侵害」として県・国の法務局（省）と相談し、刑事告発をしました。しかし、これを人権侵害で裁ける法はなく、結局、旅館法違反で二万円の罰金と、三日間のホテル休業で済まされました。

引退決意

川辺川ダム問題は国土交通省河川局、水俣病問題は環境省を窓口として、県は関わってきました。

この大きな二つの課題は、いずれも自治法上は、法定受託事務、つまり職務実行責任は県にありますが、決定権は国側にあるという仕組みでした。自嘲をこめて表現すれば、分権以前の中央集権の残存、権力を握って離さないような実態と対峙しなければなりませんでした。例えば、二〇〇四年水俣病関西訴訟では、国と県が敗訴しました。この時県では、疫学調査と対岸の天草の島々、鹿児島の実態調査をしなければ、実態像の把握は困難であると政策提言をしましたが、一顧だにされず、今日に至っています。

県営荒瀬ダムの撤去は、日本のダム史上、初めての取り組みでした。国交省河川局にこれまで培ってきた知識と方法を教示し、この検証をともに担いたいという申し出をしましたが、受け入れられませんでした。撤去に伴う費用負担は確かに県にありますが、これからおそらくダムの老朽化の中で撤去を必要とする個所は他県にも必ずある、その時に先行事例として役に立つという真摯な姿勢から出した提案だっただけに、残念に思っています。

幹部職員たちは、県政の最大課題に真正面から取り組んでいました。しかし、県議会、国の担当省とのやりとりには、神経をすり減らし、苦悩の日々を過ごしていました。本質論としての対立から感情的対立に及ぶ局面も散見し始める中で、むしろ、打開する方法は私の引退ではないかという思いがありました。事実、私自身、疲れ果てた、気力を失ったという心境にありました。

ちなみに県民の私に対する支持率は、一期めは、二〇〇〇年から就任しましたが、地元新聞のデータでは五七・九％、二〇〇三年六六％。二期めの二〇〇四年は、朝日新聞では六五％、全国の知事の中でも九番めに高い支持率にありました。三期め出馬についての下馬評は、立候補すれば当選は確実、ともっぱらでした。

しかし、熟慮に熟慮を重ねた結果、不出馬と決めました。燃え尽きた状態で残りの人生を過ごすことは、想像できないものでした。福祉をライフワークにした志を何らかの形で再現したいという気持ちは、今も枯れることなく私の中に生き続けていると思います。今しみじみとそうあることの幸せを、噛みしめているところです。

5　私を支えてくれたのは

議場から支援してくれた女性たち

振り返ってみて、私は知事二期の間、何に支えられたかといいますと、女性たちが毎回議場に現れて、応援席にいるように、議会を見守ってくれていたことです。

いろんな立場の方ですが、女性たちは議会の実際を見て、情報の発信をしてくれました。これは一般論ですが、皆さん、選挙で当選させたら女性男性にかかわらず、最後までその人を支えていく、という役割があると思います。耳触りの良いことばかり言う、というのではなくて悪いところも含めて的確に言ってその人を育てていく、これを忘れてはならない、とそんなふうに思っています。

詩「足あと」——神と向き合う

最後にどうしてもふれておきたいことがあります。

私は、クリスチャンとして本当に神様に祈る、ということをしてきました。そして、「神様、どうしてあなたがつくられたこんな美しい川辺を、駄目にしていくような方向に、事態がどんどん進んでいくんですか⁉」と、時にはお祈りしながら、神様を脅迫するような仕方でお祈りをするようなこともあったのです。

それが、引退を決めた後で、このマーガレット・F・パワーズの「足あと」という詩を見たとき、思わず涙がこぼれました。

この中の最後のフレーズですが、「わたしの愛する子どもよ、わたしは決してお前のそばを離れたことはない。砂の上に、一組の足跡しかなかったのは、わたしがお前をだいていたからなんだよ」とあります。もうこれに出逢ったとき、「ああ、私、本当に神様が支えてくださっていた」と思ったのです。

詩「足あと」マーガレット・F・パワーズ（松代恵美訳）

ある夜、わたしは夢を見た。
わたしは、主とともに 、なぎさを歩いていた。
暗い夜空に、これまでの わたしの人生が 映し出された。
どの光景にも、砂の上に ふたりのあしあとが残されていた。
一つは わたしの あしあと、もう一つは主のあしあとであった。
これまでの人生の最後の光景が映し出されたとき、
わたしは、砂の上の あしあとに目を留めた。
そこには 一つの あしあとしかなかった。

わたしの人生で いちばんつらく、悲しい時だった。
このことが いつもわたしの心を乱していたので、
わたしは その悩みについて主にお尋ねした。

「主よ。わたしが あなたに従うと決心したとき、
あなたは、すべての道において、わたしとともに歩み、
わたしと語り合ってくださると約束されました。
それなのに、わたしの人生のいちばんつらい時、
ひとりの あしあとしかなかったのです。
いちばん あなたを必要としたときに、
あなたが、なぜ、わたしを捨てられたのか、
わたしには わかりません。」

主はささやかれた。
「わたしの大切な子よ。
わたしはあなたを愛している。
あなたを決して捨てたりはしない。
ましてや、苦しみや試みの時に。
あしあとがひとつだったとき、
わたしはあなたを背負って歩いていた。」

水俣病患者・緒方正実さんからのメッセージ

そしてこれは、在任中から今に至るも、私を支えてくれた言葉です。水俣病の患者さんである緒方正実さんから届いたメッセージです。

「苦しいできごとや、悲しいできごとのなかには、幸せに繋がっている出来事がたくさん含まれている。このことに気づくか気づかないかで、その人生は大きく変わっていく。気づくには一つだけ条件がある。それは、出来事と正面から向かい合うことである」。

これが緒方さんが私にくれたメッセージですが、私はどれくらい励まされ、ひるまずに済んだか、そんな思いをしているところです。

大変長くなりました。以上で終わりにさせていただきます。

●質疑応答

参加者A　感動的なお話、ありがとうございました。女性たちが応援してくれたということですが、もうすこし、どんな方たちだったか、どういうきっかけでそういう方たちと繋がりが持てたのか、お聞かせください。

潮谷　一つはボランティア仲間でした。一期目のときは、急なことでもありましたし、中央政界の構図も働いて、自民党、公明党からのバックアップがありました。この政党関係の中では、女性部の人たちがフル回転してくださいました。例えば、看護協会、薬剤師会、保育士会の人たちが選挙カーに乗ったり、電話の窓口対応をしたり、スケジュール表を作って協力してもらいました。

意外でしたのは、JA本体は対抗馬の人の側についていましたが、多くの農業女性がおにぎりやお煮しめ、果物を差し入れてくれたり、ビニールハウスから飛び出して選挙カーに声をかけ、手を振ってくださいました。きっと「女性」ということからの共感と、副知事の時に第一次産業を大事にしていた姿勢、福祉に長く働いていたことで講演をする機会もありましたので、その親近感もあったことでしょう。

山岳ボランティアの人が、中山間地でポスター貼りをしてくださったり、勝手連と称する人たちが本当に勝手に様々な方法で、私の支持を訴えてくださいました。

参加者B　なかなか女性は圧力団体としてはまとまらないところが、やはり問題があると思うのですが……。

潮谷　まとまらない人の力よりも、まとまった女性の力が大きいと、むしろ評価しました。県庁のなかで、女性知事だから自分たちの昇進に便宜を計らってもらえるのでは、という女性たちの思い込みがあったりして、そうとう大変な問題がありました。しかし、私が感じたのは、女性の昇進を図っていくというのは、ある意味、人事課との戦いですね。同じくらいの能力がある場合、男性は男性しか引き上げようとしないのです。そして、新しいセクションに女性を充てようとすると、「知事、やめたほうがいいですよ。女性が失敗したら、やっぱし女性はだめだったって言われますよ」、と言うんです。私は「じゃあ男性が失敗したときにね、あなたたちは男性が失敗したって言う？　誰々が失敗したって言うでしょ。だから失敗することも含め、女性たちにもいろんな領域で経験を積ませていくこと、これが大事なんです」と言いました。

参加者C　知事に就任されてから、「こうのとりのゆりかご」を設置したそうですね。今日はそのお話はあまり出ませんでしたが、できればお聞かせください。

潮谷　じつは、高見沢潤子さん*が、「命を尊重する会」という会のトップでいらしたときに、私も、それから「こうのとりのゆりかご」をつくられた慈恵病院の蓮田太二先生**も、そのメンバ

＊「高見沢潤子（一九〇四〜二〇〇四年）」　劇作家・随筆家。田河水泡の妻。小林秀雄の妹。クリスチャンとして「信徒の友」の編集委員長をつとめた。著書に『兄小林秀雄』（新潮社、一九八五年）、『のらくろ一代記』（講談社、一九九一年）など。

＊＊「蓮田太二（一九三六年〜）」　熊本・慈恵病院理事長。カトリック医師会医師。慈恵病院は一八九八（明治三一）年フランシスコ修道会の設立した病院。ドイツの「ベビークラッペ」という仕組みを参考に、こどもを匿名で受け入れる窓口「こうのとりのゆりかご（赤ちゃんポスト）」の設置を熊本市に申請、二〇〇七年四月に市の許可を得て五月より運用開始、日本初の試みとして全国的に注目を集めた。

ーでした。宗教も支持する党派も関係なく、命を大事にしましょう、という単純な発想からでした。蓮田先生が、ドイツで「赤ちゃんポスト」を見て来て、つくりたいとおっしゃったのです。じつはこれは児童福祉法にない組織なものですから、悩ましいことでした。県のほうでも、妊娠葛藤相談という窓口を開いていますが、子どもを捨てたりベビーホテルに預けたり、というふうになっている背景に、児童相談所の敷居が高いということがしばしば指摘されていました。その敷居を低くすることは大事な課題でした。赤ちゃんポストは、匿名で子どもを受け入れることをアピールしていました。一方、人間のアイデンティティ形成には、子どもの出自、誰と誰から生れた、ということがすごく大事なので、そういう難しさも感じていました。

私は、「先生方は、新生児を受けると思っていらっしゃるんじゃないの。こういう時代だから、虐待を受けた赤ちゃんとか、幼児期の子どもが入って来るかもしれませんよ」とお伝えしました。結果的に大きい子どもまで受け止めることができる構造になりました。非常に先生たちのお人柄に支えられて、あれは運営されていまして、本当にあれがなかったら、捨てられて殺されていたかもわからないのです。

ただ、熊本県からは一件もなくて、他県から来るというのは、やはり、自分が育てなければならないという「文化」、親・人間としての心情が背景にあって、後ろめたさのなかで赤ちゃんポストを利用しているんだなと、思いました。また、私は、何らかのかたちで預けられたときの根拠をきちんと残してほしい、という願いがありました。預けられたとき、その赤ちゃんはどんな姿であったか、どんなものを着ていたか等々、ケースレコードにきちんと残してほしい、どれだけ赤ちゃんポストに関わったスタッフたちが大事に育てたか、そのことを記録に残してほしい、というお願いをし、できれば、養子、特別養子縁組*、そういった家庭での養育に繋がっていくようなかたちをとってほしい、と話したところです。手続き的には、まず児童相談所を経由して、ある程度赤ちゃんに問題がなかったなら、施設に送られていきます。ですから、その施設から次のステップに、里親、あるいは特別養子縁組、というかたちにするべきと思います。でも今では、「こうのとりのゆりかご」の病院が、特別養子縁組をする資格をとりましたから、そこからストレートに養子に出せるという状況になっています。

ただ私は、赤ちゃんポストは全国に広がってほしくはない、と思っています。公的な児童相談所

＊「特別養子縁組」　児童福祉のための養子縁組の制度で、適切な環境に置かれていない乳幼児が、別の家庭で養育を受けることを目的に設けられた。民法第八一七条、児童福祉法第二八条に準拠している。普通養子縁組では戸籍上、養子は実親と養親の二組の親を持つことになるが、特別養子縁組の場合、養子は戸籍上養親の子となり、実親との親子関係はなくなる。ただし、養子の年齢は六歳未満（六歳未満から事実上養育していたと認められた場合は八歳未満まで可能）。なお、里親制度は育ての親が一時的に子どもを預かる制度であり、子どもの戸籍上の繋がりは発生しない点が異なる。

が、責任を明確にし専門的に役割を担って受け止めないといけないのです。蓮田先生たちだからこそ、責任の所在を明確にして進めていらっしゃいますが、こういう法律に基づかないものが、全国にできていくのは、とても不安です。だから、児童相談所そのものが自らの役割を検証し、変わって行くべきだ、と思っているのです。

参加者D　私は、九八年に日本の総合商社に入社して、女性初の営業職だとか、総合職だとか言われ、海外研修に行くなど、つねに特別視をされたり、今度は逆差別が始まったり……その後海外で転職し、数カ月前に日本に帰ってきたのですが、周りでは出産と仕事は両立できないとか、私からすれば驚くような発言が多いのです。この状態、まず何から変えたらいいか、男性の意識、女性の意識のどこからアプローチしたら日本人の意識が変わっていくのか、ご意見をお聞かせください。

潮谷　あの、たぶんいろんな考え方があるだろうと思います。私がよく話すのは、一つは、熊本が藩校として建てた熊本洋学校に招聘された、リロイ・ランシング・ジェーンズ*のことです。この人は南北戦争のときの将校なんですが、彼が海老名弾正**だとか横井時敬***だとかの面々と、一緒に授業を進めていくなかで、障子を隔てた向こう側では、女性たちがそれを聞いて勉強していました。やがて障子の内側に入ってきて、後ろのほうで勉強をするようになります。海老名弾正が、日本は「男女七歳にして席を同じうせず」という言葉がある、あの女たちをここから出してくれ、と言ったのです。そのときに、ジェーンズがなんて言ったと思いますか。「あなたのお母さんは、男ですか女ですか」。それで弾正は詰まるのですけれども、「あなたたちの国には、父母を敬えとそういう言葉がありますよね。父母の、お母さんは女ですよね。あなたは敬わないんですか、女を」。そう言ったという故事が熊本洋学校にはあります。

私は、命の始まり、そこのところの教育が大事である、と思います。男であれ女であれ、胎盤を通して命が育まれて、胎内で過ごす四〇週のあいだに、三七億年の生物進化の歴史を繰り返しているのです。そしてあの狭い産道を羊水だとか胎内で吸った悪いものを、身を絞るようなかたちで吐き出しながら出てくる。その間に、胎児は何をやっているか。お母さんに依存していた血液、それから心臓の流れ、体温、それらを全部自分で切替えながら出てくるのです。そして、おぎゃーって言ったことによって、肺が開きます。男も女も、偉大な技をなし終えながら、この世の中に出てき

＊「リロイ・ランシング・ジェーンズ（一八三八～一九〇九年）」　アメリカの軍人・教育者。招かれて熊本洋学校で教える。宣教師ではなかったが、彼の聖書講義を受けた者たち――海老名弾正や徳富蘇峰ほかが熊本バンドを結成、日本のプロテスタントの三大源流の一つをなした。

＊＊「海老名弾正（一八五六～一九三七年）」　柳川藩出身、熊本洋学校に学び、熊本バンドを結成、新島襄の薫陶を受け、各地に教会を創立、日本の思想界・キリスト教界の中で、重要な役割を果たした。

＊＊＊「横井時敬（一八六〇～一九二七年）」　熊本藩士の家に生まれ、熊本洋学校に入学。ジェーンズの助手として勉学に励み、農学者となり、東京農業大学学長として、農業教育の発展に尽力。

ている。命の価値は同じ。このことをことあるごとに伝えていって、男性も女性もこの社会に対して価値は同じである、その与えられた価値をどのように歴史の中で各人が果たしていくのか。その役割が私たち一人ひとりにあるのです。決して財をつくるとか、学歴を持つとか、そういうことではなくて、むしろ自分は他の人のために何ができるだろう、という存在感の中で進んでいく、そういう歴史観が大事じゃないかなって。命の価値の同じさを語っていくことが男女共同参画の出発点じゃないのかな、命の始まりのところから語っていくべきかな、と思っています。

回

コラム

外国人宣教師と熊本の社会福祉――モード・パウラス、潮谷総一郎ほか

「熊本では、福祉や教育面の近代化において外国人宣教師が果たした役割が非常に大きかった。これは熊本の地域特性と言えると思う」とは潮谷愛一氏が指摘するところである（二〇一二年日本地域福祉学会での発表）。ここではモード・パウラスとハンナ・リデルとい

う女性宣教師が始めた活動――中でもハンセン病患者支援の取り組みを中心に、紹介してみようと思う。

モード・パウラス（一八八九～一九八〇年）は、ルーテル派宣教師として米騒動のあった一九一八（大正七）年に日本に着任。翌年、慈愛園を設立して、初代園長となる。乳児ホーム・子どもホーム・老人ホームを備えてのスタートだが、その後、幼稚園・保育所・障がい者施設などを加え、ハンセン病患者の救済にもあたった。クリスチャンであった愛一の父・潮谷総一郎（一九一三～二〇〇一年）が、慈愛園の職員となったのは一九三五（昭和一〇）年、二二歳のときで、以後片腕となってパウラスを支え続けることになる。

一九二五年一月、日本MTL（救ライ教会）がキリスト教関係者によって発足し、一九三四年に九州救ライ協会が設立された。総一郎も三八年ごろからそれに参加した。当時まだ、熊本の名刹本妙寺の周辺に一〇〇人以上のハンセン病患者が住んでいて、総一郎は開墾して収穫した慈愛園の野菜を持ち、子どもたちのために紙芝居を抱え、週に二回くらい通った。「無ライ県運動」（二〇一頁参照）が力を持つようになり、四〇年七月、本妙寺周辺の患者もすべて病院に強制収容され、この活動は終わった。同年暮れ、総一郎は徴兵されて出兵し、パウラスも翌年帰国を余儀なくされた。

戦後、一九四六年復員した総一郎は、間もなく再来日したパウラスとともに慈愛園の活動を再開した。

ハンセン病患者の治療は、戦後は新薬プロミンができて完治できるようになったが、日本では患者の隔離が再強化され、出産も一切認められなかった。しかし、すでに患者から生まれていた「未感染児童」もいて、その普通学校就学問題など、新たな問題も生じた。保護者による通学反対の長期ストライキもあり、総一郎は問題の長期化は避けたいとして、ひそかに子どもを児童養護施設に分散入所させたり、自宅に同居させたりして、差別の嵐の去るのを待ったこともある。

パウラスは一九五九年、七〇歳をもって退職、帰国したが、後を引き継いだ総一郎は、以後社会福祉分野で常に先達的役割を果たしていく。児童福祉法があるのに老人福祉法がないのはおかしいと自ら条文を作って政府に提言したり、免田栄死刑囚の無罪を信じて献身的な運動を展開、再審で勝訴を勝ち取った（勝訴後の免田の社会復帰についても慈愛園で引き受け、一年で社会復帰させた）。また日本で最初のアイバンクを創設し、ドナーの募集を呼びかけるなど功績は多岐にわたる。

慈愛園は大正期、街中から離れてまとまった土地（二・三万㎡）を購入していたが、後にその周辺に県庁・議会・県警などが移転してきたため、県庁のごく近くにあり、児童養護施設・乳児院・保育所・老人ホーム（養護・軽費・特養とも）・熊本ライトハウス（視覚・

いる。

聴覚の障がい児施設）などを擁し、堅実な社会福祉法人としてこの地にしっかり根付いている。

パウラスより早く明治期に来日したハンナ・リデル（一八八五～一九三二年）は、イギリス国教会の宣教師で、本妙寺周辺で物乞いをするハンセン病患者の群れに衝撃を受け、一八九五（明治二八）年回春病院を創設、のち財団法人の認可も受けた。大隈重信や渋沢栄一ら名士からの資金援助、皇室からの下賜金を受けるなど、慈善的な社会事業家としての手腕も発揮した。姪のエダ・ハンナ・ライト（一八七〇～一九五〇年）も加わり、「ライ予防法」（一九三一年）以前からの患者救済事業に力を尽くしたが、「無ライ県運動」の高まりとともに、病院の周囲を厚い壁で覆い、自らを隔離しながら維持する事態となった。

一九四一（昭和一六）年回春病院は国策によって閉鎖され（患者は九州療養所に強制移住）、エダも帰国した。以後「らい予防協会（藤楓協会）」が施設を管理し、それが一九七〇年まで続いたが、協会がこの土地の処分を行って撤退し、今は独立した社会福祉法人「リデルライトホーム」が、老人福祉事業を中心にキリスト教的な福音の具現化をめざしているという（小笠原嘉祐理事長談）。

（編者）

論考＝「市民参加の武蔵野方式」から地方分権改革へ

西尾　勝

はじめに――私の遍歴

本書に収録された女性首長三人の講演記録を拝読しますと、どなたもまず、政治に関心を持つようになったみずからの体験を語り、続いてどのような経緯から首長選挙に立候補する決意を固められたのか述べておられます。そこで私も、私自身の経歴というか、遍歴について、その概略を回想することから話をはじめ、みずからの立ち位置を示すとともに、三人の方の講演記録を拝読した私の所感を述べさせていただく、という展開にしてみたいと考えました。また、公刊前の原稿を拝見してこのような一文を草することになったいきさつについても、途中で少しふれておこうと思います。

西尾勝（にしお・まさる）——一九三八年生まれ。東京大学法学部教授、同学部長、国際基督教大学教授、㈶東京市政調査会（二〇一二年四月（公財）後藤・安田記念東京都市研究所と改称）理事長を歴任、現在、地方公共団体情報システム機構理事長、東京大学名誉教授。専門は行政学・地方自治論。この間、一九九五年から地方分権推進委員会委員となり、行政関係検討グループ座長として第一次分権改革を推進。その後も地方分権改革推進委員会委員長代理、地方制度調査会会長（第三〇次）、新しい日本を作る国民会議（二一世紀臨調）共同代表など、分権改革に関わる仕事を歴任。著書に『権力と参加——現代アメリカの都市行政』（東京大学出版会、一九七五年）、『行政学の基礎概念』（東京大学出版会、一九九〇年）、『行政学』（有斐閣、一九九三年）、『未完の分権改革——霞が関官僚と格闘した一三〇〇日』（岩波書店、一九九九年）、『地方分権改革』（東京大学出版会、二〇〇七年）、『自治・分権再考——地方自治を志す人たちへ』（ぎょうせい、二〇一三年）などがある。

私は、「六〇年安保」の翌年三月に東京大学法学部を卒業し、ただちに辻清明教授のもとで行政学を専攻する研究助手に採用されました。三年後に助教授に昇任し、一九六七年六月から二年間の予定でアメリカに留学し、「ハーバード大学・マサチュウセッツ工科大学（ＭＩＴ）共同都市研究センター」の客員研究員として過ごすことになりました。そこでは、当時アメリカの都市自治体で進められていた連邦補助事業（都市改造事業・コミュニティ活動事業・モデル都市事業）における市民参加・住民参加の現象についての研究をいたしました。私の二〇歳代は、研究者として自立するための基礎を固める、言ってみれば「原始的蓄積時代」でした。

東大紛争の影響もあって、当初の予定を少し早めて帰国したのが一九六九年三月で、安田講堂攻防戦の余燼がまだ燻っていた頃でした。そんな事情ですぐに研究生活にもどれず、留学中の研究成果をまとめはじめたのは、大学のキャンパスがようやく正常にもどり始めてからでした。

後で拙著『権力と参加——現代アメリカの都市行政』（東京大学出版会、一九七五年）に収録することになる諸論文の、執筆に取り組み始めたちょうどその頃のことです。武蔵野市から緑化市民委員会の委員に就任してほしいという要請を受けました。これがそもそもの事始めとなって、それ以降、武蔵野市の長期計画策定委員会の委員や都市計画審議会委員、ひいては社会福祉協議会のコミュニティ部会長などまで歴任し、あげくのはてにはボランティアセンター武蔵野の運営委員会委員長を三期六年務めるまでになりました。要するに、私の三〇歳代から四〇歳代のほぼ二〇年間は、『市民参加の武蔵野方式』体験時代」でした。

四〇歳代後半から五〇歳代前半までのほぼ一〇年間は、法学部研究室主任・大学評議員・学部長など、大学行政職の雑務に時間を割かなければならない状態にありました。地方分権改革が政治課題として浮上したのは一九九三年のことでしたが、その時私は学部長職に在任中でした。そして、その頃の歴代政権（細川内閣・羽田内閣・村山内閣）が課題として取り組んできた地方分権改革を推進する大綱方針と、地方分権推進法案の骨格がいよいよ固められていくことになるのが一九九四年のことです。同年三月末には学部長任期が満了していた私は、はしなくも引き出され、地方六団体*が設置した地方分権推進委員会や、政府が設置した第二四次地方制度調査会および内閣行政改革本部地方分権部会に参画を求められ、ついには九五年七月に発足した地方分権推進委員会（諸井委員会）の委員にまで就任することになったのです。以来、ついこの間まで、地方分権改革にかかわり続けてきました。つまり、五〇歳代後半から七〇歳代前半までのほぼ二〇年間が、私の「地方分権改革時代」でした。

1 「原始的蓄積時代」の一〇年

アメリカの行政学と日本の行政学

辻清明教授のご指導のもと、私が専攻することにした学問分野は行政学と言いますが、政治学の領域に新たに誕生した学問分野の一つで、一九世紀末から二〇世紀初頭にアメリカ合衆国で誕生しました。この世紀の転換期は、アメリカ史では「改革の時代」と呼ばれていますが、アメリカ行政学はこの「改革の時代」に進められた公務員制度改革・市政改革・軍制改革という三つの改革運動を背景にして誕生したものでした。一言で言えば、アメリカにおける「民主主義の行過ぎ」を是正し、政権を掌握した政党幹部が行政職員の任用をほしいままにしていた猟官制（スポイルス・システム）を廃止し政治的中立性を根幹とする現代公務員制への移行を図って、すべてのレベルの政府（連邦政府・州政府・地方政府）の行政を現代的な諸課題に対応できる専門能力を具備した公務員集団の手に委ねる方向をめざした学問でした。

このアメリカ産の行政学が大正時代に日本にも輸入され、まず東京帝国大学と京都帝国大学の法学部に、行政学講座が新設されました。しかし、早くも一九世紀前半から成人男子すべてに選挙権を付与する普通選挙制を実施していたアメリカに対し、日本で普通選挙制が始められたのは一九二〇年代のこと、百年近くおくれています。日本では「民主主義の行過ぎ」どころか、民主主義は漸く始められたばかりでした。その反面、日本では明治維新以来すでに、ヨーロッパ大陸諸国の官僚制をモデルにした強固な官僚制を確立していましたから、むしろ「官僚政治の行過ぎ」を是正することこそが課題でした。要するに、アメリカと日本では時代の状況と課題があまりにも大きくかけはなれていたのです。

＊「地方六団体」　地方公共団体の首長の連合組織である全国知事会・全国市長会・全国町村会の執行三団体と、地方議会の議長の連合組織である全国都道府県議会議長会・全国市議会議長会・全国町村議会議長会の議会三団体を合わせた総称。地方自治法に定めがあり、内閣への申し出や、国会へ意見書を提出することができる。

したがって、日本で行政学を専攻する研究者たちは、このアメリカ産の行政学の良質な成果を取り入れながらも、これを日本の行政を改善するのに役立つ行政学に組み立て直す必要にせまられていました。私の師・辻清明先生は、その手がかりをアメリカの公務員制度改革運動に求め、これについて深く研究し、その上で主著『日本官僚制の研究』(弘文堂、一九五二年)を公刊した方でした。そこで私は師とは異なる道を選び、アメリカ行政学のもう一つの背景であった市政改革運動の研究から始めることにしました。こうして、任期三年の研究助手時代に「アメリカにおける大都市行政の構造」と題する論文をまとめ、助教授に昇任することができました。

アメリカ留学——都市計画制度研究から市民参加・住民参加研究へ

アメリカ留学に旅立った時点では、アメリカの都市自治体で一九二〇年代以降に急速に普及した都市計画制度、なかでも地域地区制(ゾーニング・オーディナンス)と宅地開発分譲規制(サブディビジョン・コントロール)についてもう少し深く研究しようと志していました。ところが、一九六〇年代後半のアメリカでは、黒人運動の様相が大きく変貌し始めていました。一九六〇年代前半までの「公民権運動」は南部諸州に根強く残っていた黒人差別の社会制度の撤廃と法の下の平等を求める運動でしたが、六〇年代後半になると、北部諸州の大都市の黒人街では毎年夏に暴動が続発するようになり、北部諸州の黒人運動は「いますぐ仕事を」をスローガンに掲げ、貧困からの脱却という実質的な社会的平等を希求するようになりました。そして、あらゆる職場における雇用に黒人枠を設定するクオータ制度の導入を要求し始めました。さらに一九六五年には合衆国最高裁判所が白人または黒人の児童のみで構成されている公立学校を違憲とする判決を言い渡したために、公立学校の人種統合が大きな課題になり始めてもいました。本来の通学区域外の学校にスクールバスでの通学を強要され、通学先の学校で少数派の児童として学校生活をおくらなければならない児童と保護者にとって、かならずしも幸せなことではありませんでしたし、黒人居住地区の運動家たちは、むしろ黒人児童のみの公立学校をコミュニティ・コントロールの下におき、黒人教員を増やし、黒人児童の自尊心を育成する教育を進めさせたいと主張し始めたのです。こうして、「アメリカの都市問題とはいまや黒人問題にほかならない」と言われるまでの事態になっていたのです。そこで、留学先の共同都市研究センターに席をおく研究員たちはいずれも、新しい目前の黒人問題に深く関連している都市問題に的を絞った研究に取り組んでおりました。研究所内のこうした空気に感染した私は研究計画を大きく修正し、先に述べたように、都市改造事業・コミュニティ活動事業・モデル都市事業における市民参加・住民参加の現象を主たる研究テーマに変更しました。

市民が市政に参加する「市民参加」の歴史はアメリカでは古く、アメリカの地方自治ではごく当たり前の日常茶飯事になっていました。世紀転換期に各地の都市自治体で繰り広げられた市政改革運動にしても、その当時はこれを市民参加運動と称していませんでしたが、今の言葉で言えば市民参加運動そのものでした。これに対して、政府が実施する公共事業等の対象地域に居住しその事業によって生活環境に甚大な影響を受ける特定地域住民が、計画策定過程や実施過程に参加する「住民参加」の現象は、連邦補助事業であった都市改造事業・コミュニティ活動事業・モデル都市事業において初めて本格的に試みられ始めた、アメリカでもごくあたらしい現象でした。これらの三つの連邦補助事業はどれも貧困層の人々が集住している地域を対象にしていましたので、対象地域住民のすべてが黒人であったわけではありませんが、大半が黒人でしたから、緊迫した黒人問題の一つの焦点になっていたのです。その意味では、これら三つの連邦補助事業における住民参加は、アメリカに特有の都市問題状況を背景にした現象でしたが、この住民参加の現象そのものは、決してアメリカにとどまらず、すべての先進諸国に今後急速に顕在化するに違いない、現代社会に普遍的な現象になると予感しました。

留学から帰国した頃の日本の新聞には、「キャンパス情報」と題する欄が設けられていて、全国各地の大学・高校のキャンパスで頻発しているキャンパス紛争に関するベタ記事が並んでいました。ところが、キャンパス紛争がやや下火になると、「キャンパス情報」欄に替って「コミュニティ情報」欄が設けられ、全国各地で頻発し始めた公害等をめぐる住民運動に関するベタ記事が並ぶようになりました。私の予感は見事に的中したと思いました。

留学中の研究成果をまとめた三本の論文を収録した拙著『権力と参加』の出版は、東京大学出版会にお願いしました。その頃東大出版会の編集部に勤務しておられた土井和代さんが担当編集者でした。土井さんは武蔵野市民として汗を流していた頃の私をご存知で、このたびはそのご縁もあって、本書への寄稿を依頼されました。固辞する勇気もなく、お引き受けしてしまった次第です。

2 「市民参加の武蔵野方式」の二〇年

留学から帰国してしばらくのちに、『権力と参加』に収録した諸論文を執筆し始めていた頃のある日のことです。武蔵野市の市民部長さんから、新設する緑化市民委員会の委員に就任してほしい旨の電話をもらいました。その前年に市民参加方式で策定された『武蔵野市長期計画』で、これから複数の市民委員会を設置することが決定されていて、緑化市民委員会はその第一号であるとのご説明でした。武蔵野市は私が生まれ育ち、長年住み続けてきたまちであったにもかかわらず、お恥ずかしいことに、その前年に新しい長期計画が策定されていたことも、それが全国にまったく前例のない斬新な市民参加方式によって策定されたことも、各種市民委員会の創設が予定されていることも、まったく知りませんでした。全戸配布されていた『市報むさしの』にほとんど目を通していなかったからです。しかし、いろいろとおたずねしてみると、長期計画策定委員会にも参画し、新設の緑化市民委員会の委員長に予定されている方が、法政大学教授の政治学者、『シビル・ミニマムの思想』（東京大学出版会、一九七一年）等々の著作を精力的に発表しておられた松下圭一さんであるとわかり、ここに至る流れの意味するところが、朧気ながらも察せられました。松下さんは九歳も年上の大先輩で、著作には早くから注目していましたし、実は、私の留学中に松下さんが某新聞社の依頼による取材旅行でアメリカに来られ、ケンブリッジ・ボストン界隈でお会いし、深夜まで親しく談論したこともあったので、委員就任を快くお受けすることにしました。

緑化市民委員会の初代委員長、松下圭一さんの采配ぶりはまことに見事なものでした。市民参加の進め方や会議の運び方について実に多くのコツを伝授されました。その二年後には、私が第二代委員長に推挙されました。そしてそのまた二年後には、緑化市民委員会から身を引く代わりに、長期計画を三年ごとに見直す調整計画策定委員会の委員や都市計画審議会の委員に任命され、年を追うごとに「市民参加の武蔵野方式」の深みにはまり込んでいくことになりました。

「市民参加の武蔵野方式」については、『武蔵野市史』（武蔵野市編・刊、一九六五～二〇一二年）にも詳しく記されていますし、松下さんによる講演記録も公刊されていますので、長期計画・調整計画の策定過程の仕組みの詳細を解説することは省きます。ただ、のちほど述べようと思っていることと関連する事柄について、少しだけ申し添えることにします。

『地域生活環境指標』の作成

第一に、緑化市民委員会が開発した手法がその後の長期計画・調整計画の策定手法にも採り入れられた話です。松下委員長時代（一九七一～一九七三年）の緑化市民委員会で取り上げたテーマの一つに、児童公園・児童遊園・チビッコ広場などといった子どもの遊び場の実態調査と政策提言がありました。まずは市内の遊び場に関する統計を調べ、これと近隣都市や類似都市の統計とを比較対照し、武蔵野市の子どもの遊び場の整備水準がきわめて低いことを証明しました。そして、市内のすべての遊び場の所在地を地図上に落とし、その中心点を円心とし、半径を二五〇メートルとする緑色の円を描きました。こうして、これらの緑色の円内に含まれていない白地地域は近くに子どもの遊び場が存在しない地域であることを見やすくしたのです。これによって、遊び場が決定的に不足していることと、市内の地域格差が顕著であることが一目瞭然になりました。この統計調査と遊び場分布図とを基礎資料にして「遊び場整備倍増緊急計画意見書」をまとめ、市長に提出したのです。これを突きつけられたときの市長の反応は、「信じられない。何かの間違いだろう」というものでした。しかし、これが偽りのない事実だと納得すると、ただちに全庁に指示を出し、遊び場の整備倍増に努めるようになりました。この緑化市民委員会の成果に味をしめたわれわれは、この手法を市民の生活環境のあらゆる側面に拡大適用することを思い立ち、それ以後は、長期計画・調整計画の策定に先立って、かならず『武蔵野市生活環境指標』を作成することにしました。この『生活環境指標』は、以後今日まで定期的に改定され続けています。

「市民参加の武蔵野方式」の継承

第二に、新しい長期計画の策定を四名の市民と二名の助役で構成する策定委員会の手に完全に委ね、一連の「市民参加の武蔵野方式」を始めたのは、革新市長として三期目に入っていた後藤喜八郎さんでした。後藤市長自身の説明によれば、市長になったら実現したいと考えていた事業は二期八年の間にすべて着手していて、アイデアが枯渇してきていることを痛感したので、このような試みをしてみようと思ったのだそうです。そして後藤市長は四期目の任期を満了する時点で、美濃部亮吉知事の後継を選ぶ都知事選挙に立候補したため、市長の後継者にはそれまで助役を務めていた藤元政信さんが立候補し当選されました。ここまでは革新市政が続いていたことになります。

ところが、藤元市長の任期切れ間際になって、武蔵野市職員の「高額退職金問題」が急浮上し、この問題を主要な争点とする市長選で保守系若手市議であった土屋正忠さんが現職を僅差で破って当選し、この土屋市政のもとで高額退職金の是正をはじめとする行財政改革が断行されることになりました。武蔵野市政が革新市政から保守市政に替ったのです。

しかしながら、土屋市政は革新市政時代に築き上げられた長期計画の策定手法と調整手法をほぼそのまま踏襲したのです。実は、土屋さんは新市長に当選直後に拙宅にこられ、市長就任後ただちに設置する行財政点検委員会委員への就任とこれに続いて設置する調整計画策定委員会委員長への就任を依頼されました。私はその要請をその場でお受けし、新しい保守市政にも引き続き協力することにしました。このときの私の決断については、革新市政を支持してきた方々からは裏切り行為だとする冷たい視線を向けられました。それはともかく、このときの土屋市長の決断のお陰で、「市民参加の武蔵野方式」の伝統は、その後の土屋市長から現在の邑上守正市長への交替にもかかわらず、現在までほぼそのまま継承されています。

先の後藤市長が長期計画を策定した直前に、自治省は地方自治法を改正して基本構想の策定を市町村議会の議決事項にするとともに、この基本構想を頂点にした基本計画・実施計画の計画体系の仕組みとその策定手法に関するマニュアルを公表していましたが、このマニュアルで推奨されていた計画体系及び策定手法と、武蔵野市で独自に開発された長期計画の計画体系及び策定手法との間にはかなり大きな相違点があり、武蔵野市のものの方がはるかに優れていると、私はいまでも確信しています。そして、残念ながら、武蔵野市のそれを凌駕したと認められるような優れた事例は、私の見るところ、その後も生まれていません。これから地方政治家を志す方々は是非とも「市民参加の武蔵野方式」について改めて勉強していただけたらと願っています。

「市民参加の武蔵野方式」は研究者を育てる

第三に、長期計画の策定過程やこれを一定年数ごとに（当初は三年、のちに四年に改めた）見直しローリングする調整計画の策定過程は、市民参加の策定委員会が市役所を構成するすべての部課からその事業計画案についてヒアリングするところから始まります。このプロセスを何度か繰り返し体験しますと、市役所が所掌している諸々の事務事業の仕組みとその問題点がごく自然に飲み込めてきます。「行政学を専攻しています」と言っても、正直に言えばその頃はまだ、私は現場の行政実務にきわめて疎かったのです。そのような私がこの「市民参加の武蔵野方式」を体験したお陰で、日本の行政が市町村レベルでどのような姿形になっているのか実感できました。これはまことに得難い体験で、「私は、武蔵野市政という相撲部屋の土俵で、武蔵野市政関係者たちの胸を借りて稽古に励み、鍛えられてきました」と、つねづね言い続けています。

そしてまた、市役所職員の方々には、「研究者から教えを乞おうなどと思わないでください。皆さんに的確な助言のできる研究者などめったにいません。むしろ、使いものになる研究者になってもらうために、いまは自分たちの方が現場の行政実務を教えているのだと考えてください。そうしていれば、そのうちに少しは、皆さんにもうなずけるような実務にも役立つ助言をしてくれる研究者に育ちますから」と、申し上げています。

事実、人生の晩年になって地方分権改革に従事するようになったときに、国の各省の官僚諸氏と膝詰めの折衝をした際に、曲がりなりにも丁々発止の議論の応酬ができたのは、「市民参加の武蔵野方式」で鍛えられていたお陰でした。

「市民参加の武蔵野方式」は市民を育てる

第四に、「市民参加の武蔵野方式」への参画は、現場の行政実務を勉強する機会になっただけではありません。ごく普通の市民の方々の生活実感に基づく発想と着眼点にふれ、目からウロコが落ちる思いをしたことも少なくありませんでした。そして、「わが故郷武蔵野」への愛着が格段に深められたのです。ことに、緑化市民委員会で「武蔵野を緑豊かなまち」にするための方策の一環として、大勢の市民に協力を呼びかけ、市民の手で千川上水路や玉川上水路の川浚いをおこなったときとか、「ボランティアセンター武蔵野」の創設や運営にかかわっていたときなど、「市政への市民参加」と言うよりも、「市民みずからによるまちづくり」と言うべき実践活動を展開していたようなときは、とりわけ愉しくてならず、次々にわれながら斬新なアイデアが湧きだしてきました。

武蔵野市は東京都心の事業所に通勤するサラリーマン世帯が居住している郊外住宅地だったので、昼間も地域に残留している「全日制市民」の大半はサラリーマン世帯の専業主婦と子どもたち、そして退職後の高齢者たちでしたから、緑化市民委員会の委員の半数は主婦の方々でした。ボランティアセンター武蔵野運営委員会の場合には、委員の大半が専業主婦、事務局スタッフはすべて女性という構成でした。したがって、緑化市民委員会の会議もボランティアセンター武蔵野運営委員会の会議もすべて昼間の時間帯に開かれ、この国の男性社会では通例になっている夜間の酒席での意見調整といった方式とはおよそ無縁でした。これまた私にとっては、まったく新しい体験でした。

その頃全国各地に勃興し始めていた各種の住民運動にしても、それを日常的に支えていたのは「全日制市民」の主婦たちでした。次項で述べるマンション紛争に限らず、各種公害をまき散らす恐れのある施設や建物の建設に反対する住民運動は、事業者が事業予定地で実施する測量や着工を実力で阻止することから始まりますが、事業者側の行動をいち早く察知し、近隣住民に急を知らせる役割を担っていたのも主婦たちでした。このころの大学紛争から反公害の住民運動への変遷は、学生運動から女性運動への変遷であったと言っても、決して過言ではないように思われます。

そのころはまだ、日本の地方自治は「三割自治」だなどと言われていました。事実、明治以来の中央集権体制の軛は強固で、地方自治がさまざまな制約のもとにあったことは否定できないところでしたけれども、それでもなお、この日本でも徐々に市民の覚醒が始まっていて、地方自治を市民自治に向上させていく余地がまだまだ幅広く残されている、市役所と市民の創意工夫と自助努力次第でいかようにも改善できる余地があるのだと痛感しました。

「宅地開発指導要綱行政とマンション紛争」に苦しむ

第五に、宅地開発指導要綱行政とマンション紛争にかかわった体験についてお話しておきます。これは、複雑かつ難解な話でありまして、皆様には分かりにくい話かもしれません。しかし、私自身にとっても決して愉しい思い出ではなく、むしろ、ただでさえ無い知恵を無理矢理に絞り出すようにして対応した辛い体験でしたので、しばらく辛抱してお付き合いください。

武蔵野市の宅地開発指導要綱は、新しい長期計画が策定された直後に制定されています。この長期計画が策定過程にあったころ、武蔵野市の吉祥寺駅勢圏では高層マンションが続々と建設され始めていました。そこで、この地域の居住人口が急増し、この地域を通学区域としている市立第三小学校と市立第三中学校の両校は早晩教室不足に陥るおそれが生じていました。もともと文部省が定めている校地面積も十分に充たしていない有様でしたから、そこへプレハブ校舎を増設したりすれば、運動場用地はさらに狭くなって、まともな運動会も催せなくなる事態でした。しかも、周辺地域には新しい学校を建設できるような広い空地はまったく残っていませんでした。そして、こうした高層マンションの建設ラッシュはそのうち市内のその他地域にも拡散していくことが十分に見込まれていました。

そこで、新しい長期計画では武蔵野市の将来人口は一五万人を上限にしようとする人口抑制方針が打ち出されていました。宅地開発指導要綱はこの人口抑制方針に基づいて制定されたもので、大きくは二つの目的をもっていました。その一は、この種のマンション等を建設しようとする開発業者に対して学校用地・児童遊園用地・道路用地などの無償提供か、またはこれに見合う負担金の拠出を求める措置です。これは、アメリカの都市自治体では宅地開発分譲規制で実施されている事柄ですが、日本にはこれに類する制度がまったく法制化されていなかったので、こうした「法の欠《けん》缺《けつ》」を埋める緊急避難方策として、行政指導で関係業者の自発的な協力を求めようとしたのです。その二は、この種の高層マンションの建設にともなって頻発し始めていた相隣紛争（日照権侵害・電波障害・景観阻害等々）を回避または軽減するために、開発業者に対して近隣住民から事前の同意を得ることを求めた措置です。

この指導要綱を制定して以降、大半の開発業者はこの行政指導にしたがってくれましたが、市内の某建設業者だけは、「関係法令は遵守するけれども、法令に基づかないこの種の行政指導にしたがわなければならない理由はないはずだ」とする確固たる信念に立って、行政指導には一切したがおうとしませんでした。この建設業者は「権利のための闘争」に立ち上がった人、その意味では敬服に値する信念の人だったのですが、武蔵野市政にとってはまことに困った業者でした。そして、この建設業者が市内の各地で次々にマンションを建設し始めたために、そのつどその周辺地域ではマンション建設を阻止しようとする住民運動が発生し、この建設業者と周辺住民とが争う民事訴訟が頻発しました。武蔵野市としても到底許容できないと判断したケースでは、市もこの要綱で定めていた「不協力措置」を発動し、建設されてしまったマンションへ給水をしない、下水道管につながせないといった対抗措置に踏み切りました。そうしますと、この建設業者は市を相手方とする民事訴訟をおこすとともに、水道法違反容疑で武蔵野市長を刑事告発する事態になりました。

こうした一連の事態を踏まえ、市長は宅地開発指導要綱のあり方とこれを条例化する余地がないか否かを検討する委員会を設置したのですが、その委員長にも私が起用されてしまったのです。しかも、この検討委員会で数々の論点について慎重審議しているさなかにも続いていた数々の個別訴訟への対応についてまで、市長から助言を求められるようになりました。あるときなどは、当日の午後になって市長から突然の電話があり、東京地裁八王子支部の担当裁判官から和解勧告が出され、建設業者・近隣住民・武蔵野市の三者間の和解協議が今夕に東京地裁八王子支部でおこなわれることになったので、私にも同行してほしいという要請がありました。裁判官による和解の斡旋なるものが脅迫的な言辞を駆使して進められる、きわめて高圧的なものであるのをつぶさに目撃したのは、もちろん初めてのことでした。このときの和解協議は翌日の未明まで続き、漸く和解が成立して帰宅し、これから一眠りしようとしたところ、急に激しい下痢に見舞われ、近くの診療所に駆け込むと血便が出ていると診断され、病院への検査入院を命じられる始末でした。たった一晩の徹夜にすぎなかったにもかかわらず、私がいかに極度の緊張状態にあったのかを思い知らされた次第でした。

武蔵野市長を水道法違反容疑で裁く刑事訴訟は、その後も延々と続きました。東京地裁の第一審判決で有罪とされた市長は東京高裁に控訴しました。この東京高裁の第二審では私にも弁護団側申請の証人として出廷を要請されました（このときの私の証言記録のうち、弁護団との質疑応答部分のみは、当時の革新市長会の月刊誌『地方自治通信』に全文転載されています）。第二審判決も結論は一審判決と同様に有罪でした。したがって、市長側が敗訴したことになりますが、その判決理由を子細に読むと、一審判決よりも宅地開発指導要綱行政に対してははるかに好意的で良識のある論調になっていました。そこで私は、二審判決を不服として上告することはやめておいた方が賢明ではないかと考えましたが、市長は上告する道を選びました。そして最高裁判決は宅地開発指導要綱行政に対してきわめて冷淡なものに戻ってしまって、市長の有罪が確定してしまいました。その結果、全国各地の自治体による宅地開発指導要綱行政は後退を余儀なくされたのでした。

しかしながら、この一連の抗争の副産物としてわれわれが獲得した成果も、まったくなかったわけではありません。それが新たに日影規制を採り入れた建築基準法の改正と、これに基づく東京都日影規制条例の制定でした。高層建築による日照権侵害は、完全にではありませんけれども、従前にくらべれば大幅に緩和されました。その反面、宅地開発指導要綱行政のもう一つの目的であった高層マンションの建設と、これにともなう人口増に対処するために必要な公共用地の確保という課題は、依然として残されたままです。

3 「地方分権改革」の二〇年

続いては、「地方分権改革」の二〇年の話に移ります。このうちの一九九五年に発足した最初の地方分権推進委員会（諸井委員会）の勧告と、これに基づく「第一次分権改革」をめぐる顛末、及びこれにつづいた「三位一体の改革」については拙著『地方分権改革』（東京大学出版会、二〇〇七年）で回顧しており、また二〇〇六年から三年間活動した地方分権改革推進委員会（丹羽委員会）の勧告とその法制化については拙著『自治・分権再考――地方自治を志す人たちへ』（ぎょうせい、二〇一三年）で回顧していますので、詳しくはそちらを参照していただきたく、ここでは簡略にお話しします。

「地方分権改革」への参画は偶然の所産

私が東京大学法学部長を務めていた頃にはまだ、国立大学の管理職の地位にある者はその職務に専念すべきだという趣旨で、政府の各種審議会等の委員を兼任することを禁じる文部省通達が活きていました。したがって、地方分権推進委員会がもしも学部長在任中に発足していれば、私がその委員の委嘱を受けることは許されなかったはずです。

しかし、私の学部長任期は九四年三月末日で満了し、第二四次地方制度調査会の設置や地方分権推進委員会の設置がたまたまその後の時点になってしまったので、これら政府の諮問機関に参画して地方分権改革のために邁進することになったのです。そしてまた、地方分権推進法案を成立に導き、地方分権推進委員会を設置したのは村山内閣ですが、これは「自・社・さ」三党による連立政権で、そのときの内閣官房長官として地方分権推進委員会委員の人選を担当されたのが元旭川市長の五十嵐広三さんでした。五十嵐さんとは、私が武蔵野市緑化市民委員会委員長であった時期（一九七三〜一九七五年）に旭川市に視察におもむき、五十嵐市長と面談して以来のお付き合いがありました。すべての成り行きが偶然の積み重なりの所産で、天命と受け取ってお引き受けするほかありませんでした。

諸井委員会の基本方針と地方分権改革の路線

こうして発足した地方分権推進委員会（諸井委員会）は、部会を設置しこれを構成する専門委員等を任命する前に、三カ月間ほど、七名の委員のみによる自由討議を繰り返し、委員会運営の基本方針を定めました。この基本方針の一つが、地方六団体に要請して自治体関係者が実現を望む改革要望事項を幅広く委員会に寄せてもらい、これらの改革要望事項について関係各省と折衝し、その実現をはかることでした。要請を受けて地方六団体から委員会に寄せられた改革要望事項は膨大なものでしたが、内容を分類してみると、「住民自治の拡充」にかかわる事項は少なく、ほとんどが「団体自治の拡充」にかかわる事項でした。さらに、団体自治の拡充にかかわる事項を、国から都道府県へ、都道府県から市区町村へといったように、事務権限の移譲を求める「所掌事務拡張路線」に属する事項と、都道府県や市区町村が現に所掌している事務権限の処理に関する自治体の裁量の余地の拡充を求める「自由度拡充路線」に属する事項とに分けてみると、前者に属する事項は比較的に少なく、後者に属する事項がその大半を占めていました。

その結果として、地方分権推進委員会の勧告に基づいて地方分権一括法で法制化された改革の成果は、良かれ悪しかれ、「団体自治の拡充」とそのうちの「自由度拡充路線」に強く傾斜したものになって行ったのです。

機関委任事務制度の全面廃止

ところで、「自由度拡充路線」に属する事項について抜本的な改革を断行しようとすれば、明治期の市制・町村制の施行以来徐々に確立され拡大され続けてきた「機関委任事務」制度の全面廃止をめざさなければなりません。なぜなら、この機関委任事務とは、これは「国の事務」であると定めておきながら、これを現場で執行する事務だけを、市区町村や都道府県といった地方公共団体そのものに委任する（これを「団体委任事務」と呼んでいた）のではなしに、地方公共団体の執行機関の長であるところの市区町村長や都道府県知事などに委任する事務を指しています。しかし、市区町村長や都道府県知事に委任されているとは言っても、この事務の処理について市区町村長や都道府県知事が自由に裁量する余地は厳しく限定されていました。なぜならば、この事務はあくまでも本来は国の専管事項である「国の事務」なのであって、その最終責任を問われるのが国である以上は、この事務の処理に関する仕組みを法令で詳細に定め、さらにはこれらの法令をどのように解釈し運用すべきかを詳細に定めた通達通知を国から市区町村長・都道府県知事宛に発し、これら市区町村長や都道府県知事による事務処理を補助している市区町村職員や都道府県職員はこの通達通知を忠実に遵守して事務処理をおこなうように命令して当然である、とされてきたのです。

通達通知は、機関委任事務についてのみ発せられていたわけではありません。それは団体委任事務についても固有事務についても発せられていました。また、一口に通達通知と言っても、忠実に遵守することを求められる命令であるものから、可能なかぎりこれに従ってくださいという指導通達もあれば、助言にとどまる通達、情報提供にすぎない通知まで、種々のものが雑多に含まれていました。しかし、命令と位置づけられた通達通知は機関委任事務に多かったのです。さらに厄介なことに、市区町村や都道府県の行政の現場では、どの事務が機関委任事務で、どの事務は団体委任事務で、どの事務は固有事務であるのか、その区別が判然としなくなってしまっていたのです。その結果どういう事態になっていたかと言えば、市区町村や都道府県の行政の現場では通達通知にはすべて忠実にしたがって事務処理しておいた方が無難だということになってしまっていたのです。要するに、機関委任事務であろうとなかろうと、機関委任事務であるかのように処理する慣習が成立してしまっていたという次第です。こういう状態を指して、「機関委任事務体制」と呼ぶ研究者もいました。

そこで、市区町村や都道府県の職員が通達通知に盲従しているこれまでの悪習を断ち切り、法令に違反しない範囲内で、それぞれの地域の諸条件や諸事情に照らして最善の事務処理方法を創意工夫するように改めていくためには、この悪習の根幹を支えてきた機関委任事務制度そのものを全面的に廃止することが不可欠だと判断したのです。

では、どのようにして機関委任事務制度を全面廃止させたのか。まず機関委任事務制度は、地方選挙で地域住民の代表機関として直接公選された市区町村長や都道府県知事を「国の機関」とみなし、この「国の機関」でもある市区町村長や都道府県知事に「国の事務」の執行を委任するという、きわめて分かりにくい不可思議なフィクションの上に構築されていた制度ですから、これまで長年にわたって市区町村長や都道府県知事に委任してきた事務は初めからそれぞれの「地方公共団体の事務」であると割り切りましょうよ、その上で、「地方公共団体の事務」と割り切ったからには、その事務処理の方法について必要以上に細かな指示を出さず、地方公共団体が地域の諸条件や諸事情に適合した事務処理をおこなえるように裁量の余地を拡げましょうよと、関係各省に呼びかけたのです。

自治事務と法定受託事務の区分け

これに対する関係各省の反応は、数ある機関委任事務のなかにはそのような新しい形に変更してもそれほど大きな支障の生じないものもあるけれども、すべての機関委任事務をそのような事務に切り換えることは到底できない、なぜなら、国の利害に深くかかわる事務で、最終責任はあくまで国に留保しておかなければならない性質の機関委任事務も存在するからである、というものでした。そこで、われわれは従前の機関委任事務を「自治事務」と「法定受託事務」とに二分することを提案し、関係各省からみてどうしても濃密な「国の関与」の余地を引き続き留保しておく必要のある事務は「法定受託事務」の候補として申告してほしい。そのような申告があったものについては、委員会側の数名と関係各省側の数名で構成する折衝の場で、関係各省の判断が妥当であるか否か、一つ一つ膝詰め談判をしましょう、ということにしたのです。そして、このような手続きに基づいて最終的に「法定受託事務」と認められた事務を除くその他の事務は、すべて「自治事務」に改めます、ということにしました。

この自治事務と法定受託事務の区分け作業には膨大な時間を要しました。この作業は私が座長を務めた行政関係検討グループの担当になりましたので、そのころの私は、ほとんど毎日委員会の事務所に出勤し、午前に一コマ二時間程度の折衝、午後には二コマの折衝、夕食後さらに一コマの折衝を行うといった日々の連続でした。この自治事務と法定受託事務の区分けについては、マス・メディア関係者や地方自治研究者たちから、法定受託事務に区分けされた事務の比率が高すぎると批判されました。しかし、それは大雑把な印象論にすぎず、「この事務とこの事務を法定受託事務に認定したのは適当でない」といったように、特定の事務を個別具体的に列挙して批判した人はほんとうにごく例外的でした。この区分け作業を担当した責任者として言わせていただけば、二、三の事務の区分けを除いて、おおむね妥当な区分けになっていると確信しています。

そして、機関委任事務制度を全面廃止した効果は、条例制定権の範囲が拡大したことと、自治事務に関する通達通知はすべて例外なく命令ではなく「技術的な助言」に改められたこと、この二点ですが、多くの自治体の多くの行政部門の担当職員が、いまだに通達通知を金科玉条にして事務を処理しているようです。これでは、地方分権改革の成果が地域住民にまで還元されないままであり、残念なことです。

地方分権改革の究極目的

地方分権改革とは、これまでは国の国民・国会・内閣・各省大臣の判断と決定に委ねていた事項を、徐々に地方公共団体の住民・議会・首長の判断と決定に委ねていくことです。そしてその究極目的は、自治体の地方議会と首長の権限を強化することでも、自治体の職員機構の仕事をやりやすくすることでもなく、地方自治の主体である住民によるまちづくりを活性化させ、都道府県政・市区町村政へ住民が参画する余地を拡げることです。

地方自治関係者の方々は、これまでの仕事の進め方を再点検して新しい仕事の進め方を創意工夫し、これが度重なる地方分権改革によって初めて可能になったのだということを、広く住民に説明していただきたい。これが私の切なる願いです。そうしていかないと、国民・住民には地方分権改革の意義がまったく分かりません。意味が分からない地方分権改革をどうして国民・住民が支持し続けてくれるでしょうか。

「三位一体の改革」の挫折

諸井委員会による「第一次分権改革」では、機関委任事務の全面廃止や「行政的な関与」の縮小をはじめ、国地方係争処理委員会の創設等々、行政面の改革についてはそれなりの成果を上げたのですが、財政面の改革は肝心の大蔵省があまり協力的ではなかったため、見るべき成果を上げられませんでした。そこで、委員会の任期が満了する直前にまとめた最終報告のなかで、「地方税財源の充実確保を図る方策に関する提言」を盛り込みました。これを「勧告」にできなかったのは大蔵省の同意が得られなかったからにほかなりません。大蔵省は「提言」であっても認めないと、最後まで強硬な態度を維持していましたが、最後は諸井委員長の了承を得て、「提言」として最終報告に挿入しました。

諸井委員会の解散後に小泉純一郎内閣によって進められた「三位一体の改革」はこの「提言」の趣旨を活かそうとしたものでした。すなわち、国から地方に毎年配分されている国庫補助負担金総額約二〇兆円を半分の約一〇兆円に削減する一方で、この措置によって国側に生ずる余剰財源約一〇兆円に見合う金額を、国税から地方税への税源移譲措置と地方交付税総額への上乗せ金額とに充てようとする構想でした。この構想を実現しても全国の自治体の税財源の総額は増えないのですが、使途に煩瑣な諸条件がついていた「使い勝手の悪い財源」を、自治体が自由に使える「使い勝手の良い財源」に切り換えていこうとする構想でした。国から地方への「財政移転」はどこの先進諸国にも見られる現象です。しかし、日本における国から地方への「財政移転」はその規模が異常に大きいのです。この点を是正する抜本改革が実現するまでは、日本の地方自治はなかなか本物に成り切れません。

小泉首相が当面実現しようとした第一段階の改革は、国庫補助負担金総額を四兆円程度削減し、三兆円程度の金額を国税である所得税から地方税である個人住民税へ移譲しようとするものでした。しかし、小泉首相の首相主導は続かず、国庫補助負担金総額の削減プランの策定も国側では行わず、これを地方六団体側に丸投げしてしまいました。さらに、地方六団体側が苦心惨憺してまとめた削減プランは一向に尊重されず、結局は関係各省と与党幹部の介入によって勝手気儘に組み換えられ、最終局面では地方交付税総額とその不足分を補う地方臨時財政特例債総額とを大幅に削減してしまいました。これは「三位一体の改革」に期待を寄せたすべての人々の期待をものの見事に裏切るものでした。地方自治関係者の間に渦巻いたのは驚愕と、憤激と、深い挫折感・敗北感でした。

この「三位一体の改革」の挫折のケースほど、政治主導で進められる改革の危うさ、怖さを痛感させられたことはありません。関係各省の官僚機構の同意を取り付けることのできる改革課題はほとんど実現してしまって以降、まだ未完のままに残存している改革課題を実現しようとすると、政治主導の発揮に期待を寄せざるを得ないのですが、賛否両論が渦巻く与党内の意見を乗り切るためには、改革の肝心要のスジを首尾一貫して貫き通す首相主導が貫徹されなければ、どこへ行き着くのか分からない危うさと怖さがあるのです。

丹羽委員会の勧告と民主党政権の対応

「三位一体の改革」の失敗ののち、小泉内閣の末期に改めて地方分権改革推進委員会（丹羽委員会）が設置されました。この丹羽委員会の任期は三年と定められ、経済財政諮問会議が策定した歳出・歳入一体改革を達成するための目玉とされた国の各省の「出先機関の原則廃止」をはじめ、法令等による義務付け・枠付けの緩和、都道府県から基礎自治体への事務権限の移譲、「国と地方の協議の場」の法制化等々を幅広く含む勧告が、関係各省の同意を得ないままに、もっぱら政治主導による改革の実現に期待を寄せて提出されました。しかし、この間の自公連立政権の歴代内閣（第一次安倍内閣・福田内閣・麻生内閣）はすべての勧告が出揃った時点でこれに対する政府の対応方針を定めることにしていたところ、丹羽委員会の最終勧告が提出された直後に、総選挙によって自公連立政権から民主党政権への劇的な政権交替がおこりました。その結果、丹羽委員会の勧告への対応は新しく誕生した民主党政権の手に委ねられました。

民主党政権は、まず手始めに「国と地方の協議の場」の法制化から着手し、続いて法令による義務付け・枠付けの緩和に関する勧告と都道府県から基礎自治体への事務権限の移譲に関する勧告を取り上げ、その法制化に尽力しました。その結果を見れば、いずれについても、勧告事項の約五割を勧告どおりに実現し、二割は勧告を一部修正した上で実現、残る三割は関係各省の官僚機構の反対で断念という成績でした。これに対するマス・メディアの論評は、政治主導を発揮し官僚機構を押さえ込めば実現できるはずなのに、政治主導を看板にしてきた民主党政権の成績がこの程度に終わったのはまことにだらしないというものでした。しかし、私の評価はこれとはまったく異なります。勧告事項の約五割まで実現したのは、各省に配置された政務三役（大臣・副大臣・大臣政務官）の並々ならぬ尽力の結果だとこれを高く評価しています。

これからの地方分権改革は、政治主導で進めないかぎり一歩たりとも進まないのは事実ですが、政治主導を働かしさえすれば官僚機構の抵抗を完全に抑え込めるはずだなどと考えるのは、政治センスがあまりにも幼稚です。

ところで、丹羽委員会の勧告のなかで法制化に完全に失敗したテーマが「出先機関の原則廃止」です。このテーマについては、その実現を強く要求した全国知事会の戦略にも丹羽委員会の対応にも、私個人にはいろいろと賛成できない諸点がありました。それはともかく、この「出先機関の原則廃止」問題が燻り続けていると、これとは別個に各党の党内で燻り続けてきた道州制の実現を求める政治勢力が勢いづく結果になりかねません。約二〇年に及ぶ地方分権改革は先行きがきわめて危険な、大きな曲がり角にさしかかっています。地方分権改革の推進に尽力してきた方々は、このあたりで一旦しばらく立ちどまって、初発の原点に立ち返って、これから進むべき行き先について、改めて慎重に熟議する必要に迫られているのではないでしょうか。

4　女性首長三人の講演記録に寄せて

以上述べてきましたように、私は市政や国政にかかわる政治家の方々の身近にあって、そういう方々に時に助言なり進言なりをするような立場を遍歴してきました。けれども、みずからが政治家を志したことはただの一度としてありませんでした。政治を軽んじる気は毛頭なく、むしろ使命感と責任感のある政治家を待望する気持ちを強く抱いていたのですが、自分は政治家に向いていないと、いつからか、なぜか、判然としませんが、堅く信じ込んでいたようです。そういう私が本書に収録された女性首長三人の講演記録を拝読して思ったことは、何よりもまず、首長選挙に立候補を決意された勇気です。これには素直に感服しました。そして、首長に就任されてから、二期八年間の溌剌とした活躍ぶりにも、ただただ敬服するのみだと申しあげねばなりません。

もしも、本書の趣旨が国政領域で政治家を志す女性の方々を発掘し、政治の世界に飛び込む跳躍の勇気を奮い立たせることにあるのでしたら、まことに申し訳ないことに、私から助言できるようなことは何一つとしてありません。けれども、本書の趣旨は、地方自治の地平を拓く女性政治家に注目し、それに続く人たちを励まし育てようとすることにある、とお見受けしました。また、身近な生活課題が政治につながっているという認識はあるがそれをどう具体的に政治の場に持ち出したらよいか、回路を探りかねている人たち同士の情報交換にも力を入れている、ともお聞きしました。そうであるなら、私が研究を重ねてきた市民参加・住民参加の重要性を説き、「市民参加の武蔵野方式」に参画して実見した地方自治の現場の様相をお伝えしたり、これまでかかわり続けてきた地方分権改革の成果と限界についてご説明することも、あながち無駄ではないだろうと考えて、長々と私自身の遍歴について語らせていただいた次第です。

そろそろ、本書に収録されている女性首長三人の講演記録に対する私の所感を述べて、私の話を締め括りたいと思います。

国会議員と地方議会議員

まず堂本暁子さんはジャーナリストとして三〇年、国会の参議院議員として一二年を経てから千葉県知事に転じ、女性首長として二期八年の任期を全うされました。上原公子さんは生活クラブ生活協同組合活動から東京・生活者ネットワークの初代代表に就任され、国立市の市議会議員を一期四年経験されたのち、市民運動に復帰され、三〇〇人の市民がおこした国立市景観権裁判の原告団幹事をお務めになったのちに、市長選挙に立候補し当選。国立市長を二期八年お務めになりました。お二方はいずれも議員職と首長職の両方を体験されています。しかし、堂本さんは議員時代にも男女共同参画の推進をはじめ、生物多様性の問題や地球温暖化の問題等々に深くかかわられた体験を熱く語っておられるのに対して、上原さんは、「議員さんは何十人の中の一人で自分の支持者に向けて主張をすればいいし、……決定に責任を持ちません。はっきり言って、言いたい放題が許されます。しかし、市長はすべてのことに責任を負います」と述べられるのみで、議員時代の活動については ここでは何もお話になっていません。この鮮やかな対照は、一二年と四年という議員在任期間の長短の差に負うところもあるでしょうが、それ以上に国会議員の広い権能と地方議会議員の狭い権能の差を反映しているように感じられます。

地方議会の権能は地方分権改革によって多少は拡張され、これとは別途に累次の地方制度調査会の答申によっても徐々に強化されてきました。その結果として、都道府県レベルの議会では議員立法による政策条例の事例も徐々に見受けられるようになってきてはいますが、市区町村レベルの議会にはこうした動きすらあまり見られません。地方議会はどうあるべきなのか、これをどのように改めていくべきなのかは、残された大きな課題の一つなのです。

私がそれ以上に大きな問題点だと思っていますのは、日本の地方議会の議員さんたちが概して市民参加・住民参加嫌いでいらっしゃるという事実です。首長さんたちが試みようとする市民参加・住民参加の企てに対しても、「これは議会軽視の現れである」と批判されることの方が多く、まして議会みずからが市民参加・住民参加を試み、議会を住民に開かれた議会にしようとする気持ちなどさらさらないように見受けられるのです。もっとも、この点については、北海道栗山町議会から始まった議会基本条例に基づく議会報告会の開催などを先進例として、議会基本条例を制定し議会を住民に開かれた議会に変えようとする運動が、徐々に全国に拡大してきていますので、その更なる展開に期待しておきましょう。

それにしても、堂本知事さん・潮谷知事さんのお二人とも、期せずして、県議会の傍聴席を埋め議会審議を見守ってくれた県民の方々の応援に支えられた、と語られていることを、地方議会議員の方々はどのように受け止められるのでしょうか。

地方分権改革と県民参加・市民参加

女性首長三人は、これまた期せずして、いずれも地方分権改革に言及しておられます。そしてまた、ことごとに県民参加・市民参加を進められ、その成果をいかにも愉しげに語っておられます。私にとってこれほど嬉しいことはありませんでした。上原市長さんが「まちづくり」をみずからも愉しみながら進めてこられた様子を拝読していると、そこで語られている考え方にことごとく同意の念を覚えましたし、私自身が武蔵野市で体験した出来事の記憶と完全に重なり合いました。

地方分権改革を受けてすぐに、これまでの意識から脱却し行動スタイルを変え始めたのは都道府県知事たちでした。これにくらべ、基礎自治体の市区町村長にはなかなか浸透しませんでした。そしてその原因は、市町村レベルでは「平成の市町村合併」が並行して進められ、三大都市圏を除く地方圏の市町村がほとんど例外なく合併論議の嵐に巻き込まれてしまっていたことにありました。このことは、いまから振り返っても、まことに残念なことだったと思っています。

堂本知事さんは「ＮＰＯ立県千葉」について言及されました。地方分権改革は一九八〇年代末に発覚したリクルート事件に端を発した政治改革の流れから浮上したのに対して、ＮＰＯ法の制定論議は阪神淡路大震災に際して多数の災害救援ボランティアが大活躍したことを契機に急浮上したのですが、双方の論議は同時期に同時並行で進み、相互に影響し合っていた双子の関係にありました。

そして、ＮＰＯ法制定以降のＮＰＯの簇生には実にめざましいものがあります。私の大胆な予測を申し上げれば、地方分権改革と同時に新しく誕生した各種のＮＰＯがこれからどこまで深く地方自治の領域に参画してくるか否かによって、地方分権改革の進展の度合は大きく左右されることになるのではないでしょうか。

川辺川ダム問題・水俣病認定問題・法定受託事務問題

潮谷知事さんは、熊本県政においてもっとも苦労したのは川辺川ダム問題と水俣病認定問題であったこと、そしてこの双方がともに法定受託事務であったために、県知事としては思うようにできなかったと、嘆いておられます。上原市長さんの講演記録にもこの川辺川ダムや群馬県下の八ッ場ダム及びこれに関連する品木ダムの話まで登場しています。実は、私自身もまだ若かった一九七〇年代前半に、公共事業をめぐる住民運動・住民参加の研究者として当然と言えば当然なのですが、ある調査で人吉球磨地域に数日間宿泊滞在し、この地域のすべての市町村役場を巡回してお話を伺ってまわった際に五木村役場も訪れ、村長さんから川辺川ダム計画のことについてもお話を伺ったことを覚えています。そして、これまたある事情から群馬県下の諸施設を視察してまわった際に、群馬県職員から八ッ場ダム計画の説明を聞き、吾妻川の酸性中和施設も実地に見学していました。ダム問題は数十年に及ぶ厄介な問題で、ほんとうに解決のむずかしい難題中の難題であることは十分に承知しているつもりです。

これに対して、水俣病認定問題のような公害等による健康被害者に対する認定・賠償問題は、民間企業による有害物質の排水・排気が原因となっている事例が多く、それ故にまた初めから訴訟によって争われてきた事例が多いので、正直に申し上げて、私の研究テーマの枠外におかれておりました。なかでも水俣病患者の認定問題をめぐっては最高裁判決が何回も下される一方で、所謂「政治解決」が講じられましたので、ますます錯綜した状況になっていると認識しております。

そこで、ここでは、私自身が関与した法定受託事務問題のみについて所見を述べるにとどめます。公害等による健康被害者に対する認定事務は、被害者が複数県にまたがっていること、これら健康被害者に認定された方々に対して補償金または国家賠償法に基づく賠償金を支払うときにはその補償・賠償基金の少なくとも半分は国庫から拠出されていること、この補償・賠償金を支払う以上は全国どこに居住しておられる健康被害者に対してもその被害の程度に応じて公平に支払わなければならないこと等々からして、この認定事務を個々の地方公共団体の自治事務にすることは適当ではありません。それ故にこそ、私たちはこれを法定受託事務に区分けしました。

しかし、歴代の熊本県知事がこの水俣病認定事務の取扱いについて矛盾を感じてこられた事情はよく理解できます。問題の焦点は、厚労省がかつて定め、いまは環境省に引き継がれている現行の認定基準の妥当性如何にあると思います。これに忠実にしたがっているかぎり、関係各県はいまだに潜在している水俣病患者のすべてを救済することができないからです。この件に関する最新の最高裁判決は熊本県がこの認定基準にしたがって水俣病と認定しなかった人々を水俣病患者と認定すべきであったと判示しましたので、現在の蒲島郁夫熊本県知事はこの最高裁判決にしたがってただちに、この訴訟で勝利した原告団に属する方々を水俣病患者と認定し直し、賠償金の支払いをされました。

残された問題は、この原告団の方々と同様の事情と症状でありながらいまだに潜在している方々から改めて認定申請がなされたときにどのように対応すべきなのかです。私が承知しているかぎり、蒲島知事はこの問題を所掌している環境省に対して、これまでの認定基準を最新の最高裁判決に対応した新しい認定基準に改定すべきであるといくたびも執拗に要請してこられましたが、環境省はこの要請に応じようとしませんでした。そこで、蒲島知事に残された手段は、この法定受託事務を国へ返上してしまう方法と、熊本県が独自の認定基準を定めこれにしたがって認定を進め、国の環境省がこれを違法とした場合には国地方係争処理委員会に審査を申し入れ、この委員会の審査結果にも不服であれば、訴訟で国と争う方法です（この係争処理手続きは諸井委員会の勧告に基づいて新たに創設されたもので、法定受託事務にも適用されています）。蒲島知事が最終的に選択されたのは、認定事務を国へ返上するという前者の方法でした。

法定受託事務に区分けされた事務が多すぎると批判する方々、どうしてこれが自治事務にならなかったのかと疑問を述べられる方々は少なくないのですが、それでは、これらの事務を自治事務に区分けするのがはたして適当なのか、綿密に検討された方はあまりおられません。最終責任はどうしても国に負ってもらわなければ困るような事務は、むしろ地方公共団体の法定受託事務などにせずに、初めから終わりまで国が直接執行する純然たる「国の事務」に改めた方がはるかに良い結果になると、私は考えています。

住基ネットと番号法

もう一点、住基ネットと新しい番号法に基づいてこれから始められる個人番号制度との関係について、付言させてください。上原国立市長さんは、今回の講演記録でもお話になっておられるように、住基ネットへの接続を拒否する態度を貫かれました。この点は、この点のみは、私と意見を異にしておられます。私は住基ネットの構想に初めから賛成し、住基カードの発行が始まった当初から住基カードの交付を申請し、住基カードを所持しています。そして、この種のシステムを更に広い領域で構築し活用しようとする新しい番号法の制定にも賛成してきました。だからこそ、この番号法に基づく番号制度の基盤システムを構築し運用する地方共同法人として二〇一四年四月一日に創設された地方公共団体情報システム機構の初代理事長に就任してほしいとの要請を、知事会・市長会・町村会の代表者で構成されている機構設立準備委員会から受けたとき、このような技術的にむずかしい仕事が私ごとき者に務まるものかと、しばし逡巡しておりましたものの、これをお受けすることにしたのです。

そこで、上原さんと同様のご意見をお持ちの方々に、是非ともこれだけは事実に即して正しく知っておいていただきたいことがあります。それはまず、相次いだ住基ネット訴訟判決に最終的な結着をつけた最高裁判決は住基ネットが違憲には当たらないと判決しただけでなく、その判決理由においてこの種の情報システムが憲法に合致したものであるために具備していなければならない諸条件を詳細に述べていたことです。そしてまた、新しく制定された番号法の立案者たちはこの最高裁判決を十分に意識し、これを踏まえてきわめて慎重に制度設計をしたということです。情報システムのセキュリティの確保に万全を期すとともに、所謂「名寄せ」が容易にはできないような分散管理型システム、それだけに多くの国々で採用されている種々の個人番号システムよりも相当に複雑なシステムを構築しようとしていることです。

もちろん、どんなに高度な情報システムを構築しようとも、内部職員によるミスや故意の情報漏洩の余地を皆無にすることはできません。また悪意によるシステム破壊攻撃を完全に遮断することもできません。システムの運用段階になれば、二四時間監視体制を続け、この種のインシデントをいち早く検知し、被害を最小限に止めるとともに、迅速に新たな防御措置を講じなければなりません。そのことよりもむしろ、いま私が懸念しているのは、これだけ万全の配慮がなされた複雑なシステムでありながら、なおかつ円滑に機能するシステムがほんとうに所定の期限までに構築できるか、ということの方なのです。二〇一五年には、いよいよ、新しく構築したシステムの運用テストを繰り返す段階に入ります。私どもの機構にとってはまさに正念場の一年です。

おわりに

女性の視点を活かすために、社会にとって重要な意思決定過程への女性の参画比率を高めるには、あらゆる職場における女性職員の比率を高めるところから始め、徐々にそれぞれの職場における管理職への女性の登用比率を高めていく、地道な努力が求められます。

政治の世界への女性の参画比率の向上に話を絞ったとしても、女性首長を増やすには、女性の地方議会議員を増やすこと、自治体の職員機構における女性管理職の比率を高めること、地域で活動する諸団体の女性役員を増やすことが不可欠です。

どれをとっても簡単なことではありませんが、地方自治の領域で私がもっとも期待を寄せているのは、各種ＮＰＯの簇生と進化です。いま女性の進出と活躍がもっとも顕著なのはこの世界だからです。そしてまた、徳島県上勝町、島根県海士町、宮崎県綾町等々、元気な町村として全国に著名な町村は、概して女性の活躍が顕著な町村でもあります。

むらおこしやまちづくりの領域ですでに発揮され始めているこうした女性の力が、地方自治と結びついていく上で不可欠なもう一つの条件が、市町村議会への女性の進出でしょう。これまでの地方分権改革の焦点は「団体自治の拡充」の側面に向けられてきましたけれども、これからの地方分権改革はその焦点を「住民自治の拡充」の側面に向け直し、地方議会のあり方、ことに市町村議会のあり方を、女性が進出しやすい仕組みに改革していかなければなりません。市町村議会の場合、毎年三回以上開催される定例会の会期は一週間から二週間に及び、その間は連日朝から夜まで会議が続く可能性があるのですが、このような仕組みでは女性は参画しにくいので、欧米諸国の市町村議会のように、議会の会議は定例日の夜間に開催される方式に改める必要があります。

市町村議会への女性の進出をさらに一段と加速する観点から言えば、その選挙制度を現行の大選挙区制から比例代表制に切り替え、選挙資金の調達や選挙運動の実施を議員候補者個々人の負担ではなく政党組織の負担に改め、それぞれの政党組織が候補者名簿を作成するにあたって女性比率を定めるように改めることが最良の方策であることは明らかなのですけれども、そもそも国政を担う政党組織でさえいたって未成熟なこの国では、このような選挙制度の改革に国民的な合意を得ることはまだ当分の間きわめて困難、と言わざるを得ないでしょう。

女性と政治――性をめぐる最近の二つの動き

● 西山千恵子 ●●●●

議会の男性同盟と女性の排除――都議会セクハラやじ事件

二〇一四年六月一八日、東京都議会本会議で「事件」が起きた。少子化対策について質問中の塩村文夏都議（みんなの党・当時）に対し、自民党会派の議員席から「早く結婚した方がいいんじゃないか」というやじが起き、他にも「とりあえず結婚！」「産めないのか！」など、結婚や出産を迫るやじが複数の議員から飛び交った。またそれらのやじに呼応して、同調し囃し立てる男性議員たちの嘲笑が議場に響きわたった。

これらのやじはその日のうちからSNSで拡散、東京都には千件もの抗議が寄せられ、女性都議らもやじについての注意を都議会議長に申し入れした。署名サイト「Change.org」では発言者の特定と処分を求める意見に、数日間で九万件近い賛同署名が集まった。議会に限らず、日々、同種のセクハラ環境に不満を持つ人々からの共感をえたのであろうか。

新聞、テレビもこぞってこの問題を取上げ、塩村都議がセクハラやじや嘲笑を浴びる場面、議員席に戻ってから涙をぬぐうような様子などが繰り返し放映された。とりわけ海外メディアはやじに対して厳しい態度で報じ、やじ議員たちを性差別主義者と強く非難した。

やじ発言の犯人捜しに注目が集まる中、当初は「寝耳に水」と完全否定していた自民党会派(当時)の鈴木章浩都議が、やじから五日後に一転して「早く結婚した方がいいんじゃないか」というやじを飛ばしたことを認めた。公然とウソをついていたのだ。鈴木都議の周りにいてやじを聞いていた議員たち、囃し立てていた議員たちもダンマリを決め込んでいた、というわけである。こうした庇い合いの中、他のやじの発言者は自ら名乗りもせず、特定もされず、また鈴木章浩都議には何の処分もされず、曖昧にされたまま、女性都議たちや市民たちの批判を封ずるように都議会は閉会した。

だが、それで事態は収まらなかった。メディアでは続編が報じられた。やじ問題に先立つ四月、衆議院の総務委員会では、質問中の日本維新の会の上西小百合議員に「まず自分が産まないとダメだぞ」というやじと嘲笑が飛んでいた。都議会でのやじが騒ぎになる中、このやじが自民党の大西英男議員によるものであることが七月になって判明、大西議員は上西議員に謝罪した（が、それだけだった）。大西議員は都議会時代から「やじ将軍」として知られていた人物である。

九月には、超党派で作る「都議会男女参画推進議員連盟」の総会が開かれた。議連会長に就任した野島善司（自民党）は、報道陣に囲まれて「今回でいえば、言われているのは『結婚したらどうだ』という話でしょ。僕だって言いますよ、平場では」と発言した。これがまた議論をよんでマスコミを賑わせた。たとえ「平場」であっても、結婚や出産は個人の性行為や生殖器に関わるものであり、公私の別を問わず、ふさわしい状況を除いては容易に他人が踏み込むものではない、というのが今日の社会的な共通感覚であろう。メディアも相次いで野島発言を批判的に取り上げた。野島都議は翌一七日に発言は会長としては不適切だったと謝罪、しかし「私は（会長職に）最適任」と述べて辞任は否定し、発言内容は「個人の政治的信条」として固持した。（ということは、平場では依然として「歩くセクハラおやじ」を政治的信条として貫くということか。）

これまで国や地方の議会で正々堂々とまかり通ってきた女性議員に対するセクハラやじや性的攻撃、性差別を調査し、告発する動きも続いた。ＮＨＫは、早くも六月に全国の自治体の議会事務局や議員などを通じて調べ、女性議員が質問直後に「下着のラインが見えている」と言われたり、議事録が残らない全員協議会で「母子家庭は女の自業自得だ」と言われたりするなどの事例があったと報道している。

都議会閉会後に開催された「都議会・性差別やじ問題の幕引きを許さない緊急集会」では、西崎光子都議（生活者ネットワーク）が「青少年健全育成条例」改正案への反対を主張したとき、対立する会派から「痴漢されても喜んでいるじゃないか」とのやじを浴びたと発言した。議長からの制止もない中、男性議員たちからの怒涛のようなやじの攻勢に抗して、声をあげられるような状況ではなかったという。塩村都議へのやじ攻撃に対しても「すぐにやじに抗議すべきだった」といった類の意見が寄せられているが、しかし、そもそも被害者が抵抗しにくい力関係の中で行われるのがセクシュアル・ハラスメントなのではなかったか。

全国フェミニスト議員連盟（一九九二年発足。女性議員の増加や男女平等政策の実現をめざす）が発行した『自治体議会における性差別体験アンケート報告集』（二〇一五年七月）によると、アンケートに回答した女性地方議員一四三人のうち、およそ五割の女性が議員や職員からセクハラ、性差別の被害を受けた経験があると答えた。言葉の攻撃だけでなく、「尻を触られた」「腰を左右からギュッと触った」などの身体接触も事例に挙がった。

本書で潮谷義子元熊本県知事が述べた県議会でのやじの様子も、これらのやじと同列のものであろう。

こうした状況がこれまで知られながらも放置、容認されていたのだ。これら女性議員への蔑視、性差別的な言動、性的な攻撃は、個々の加害側の議員の資質の問題であると同時に、議会における男性支配と女性議員の排除・特殊化という、構造上の問題として認識されるべきだろう。それは女性の議会進出を困難にしてきた手段の一つであり、またその結果でもある。

このやじ問題をきっかけに、同年の都議会第三回定例会には、性差別やじに対して抗議し、その再発を防ぐ実効性のある取り組みを求める請願や陳情が七件届けられた。請願・陳情を提出したのは、「石原都知事の女性差別発言を許さず、公人による性差別をなくす会」、「議会の性差別をなくす市民の会」など女性の人権団体の他、「レインボー・アクション」といったセクシュアル・マイノリティの人権活動団体が含まれている。請願・陳情内容も、議員の産休・育休、議会での託児所等の整備や、議員への男女平等研修の実施を求めるなど、やじ問題関連のものばかりではなかった。しかし、これらの請願・陳情は、やじ発言者を出した自民党会派が多数を占める議会運営委員会で七件すべて不採択となった。

今回の「都議会セクハラやじ」は、ＳＮＳの普及や海外メディアの強い非難などもあり、従来から存在していた性差別やじが一挙に可視化されたという特別な出来事だった。その意味において、一女性都議への性差別やじが「事件」だったのではなく、これが日本のメディアで大きく取り上げられ、問題化されたこと、問題化できたことこそが真の「事件」だったといえる。

この一連の「事件」を一過性の騒動に終わらせないためには、議会の男女平等に向けての個別具体的な改革運動に、議員も市民も、女性も男性も連携して日々取り組んでいくことが重要である。そうした運動にとって、都議会セクハラやじ事件は、議会の性差別およびその根底にあるミソジニー（女嫌い）文化の象徴として記憶されていくだろう。

回

男女平等条例の新動向――渋谷区・パートナーシップ証明に寄せて

二〇一五年二月、渋谷区が所定の条件を満たす同性カップルにパートナーシップ証明を発行する条例案を三月区議会に提出すると発表した。同性カップルの場合、アパートの入居や病院での面会を、「家族ではない」として断られるケースなど、生活上の様々な不便に直面するという。そのため、区は関係する事業者に証明書を持つ同性カップルを夫婦と同等に扱うよう求める方針だ。同性愛を含めセクシュアル・マイノリティの人権擁護を掲げる男女平等条例はすでにいくつか制定されているが、証明書の発行まで盛り込んだ条例は渋谷区が「全国初」である。他の自治体も何らかの制度化を検討しており、九月には世田谷区も同性パートナーシップの宣誓についての要綱を制定した。

渋谷区のニュースはテレビや新聞を通じて全国のお茶の間（リビングか？）に広がった。「ゲイといえばオネエ、お笑い」という貧困なイメージを流布してきた日本のテレビだが、この報道は同性愛者等を「どこにでもいる一般市民・生活者」として一斉に印象付けた、ひょっとすると最初の出来事ではないだろうか。

案の定、すぐさま反論や反対行動が起こった。安倍晋三首相は同二月の衆院本会議で「極めて慎重に検討を要する」と、また別の自民党議員はテレビ討論で「少子化に拍車がかかる」と、NHK経営委員の一人はWeb新聞の討論で「同性婚とはまさに生物五億年の歴史に逆らう試み」と発言した。なにやら二〇〇〇年代のバックラッシュ、ジェンダー・バッシングが再燃しそうな空気である。渋谷駅前では条例案への反対だけでなく、同性愛自体を否定するヘイト・デモと街宣が繰り広げられ、また、そんな反同性愛デモに対抗し、条例案を擁護するデモも催された。そのうえセクシュアル・マイノリティ当事者のあいだでも、条例の不備や条例によるさらなる差別化を懸念する声が上がっている。

この条例は三月の区議会本会議で自民党区議ら一一名が反対する中、賛成多数で可決、成立した。日本初のパートナーシップ証明の導入にメディアも街頭も熱くなったが、同性カップルを公に認め、保障を与える試みは、欧米では既に三〇年ほど前から始まっている。その流れは多数の地域、国レベルに広がって行った。二〇〇一年にはオランダが初めて男女の結婚と同等の同性婚を国家として認め、現在、同性婚を合法とする国は二〇カ国近くに上るという。二〇一五年五月には、アイルランドで同性婚の法制化の賛否を問う世界で初めての国民投票があり、賛成が多数を占めた。翌六月には米国の最高裁で、同性婚禁止は違憲とする判決が出され、全州に同性婚法案が認められる見通しとなった。先進国の中で、同性婚どころか、同性カップルを保障する制度すらない日本はむしろ珍しい存在だったのである。

政治家のカミングアウトについても触れておこう。米国で同性愛を公表して初めて選挙に当選し、公職に就いた人物は、一九七七年にサンフランシスコ市政執行委員となったハーヴェイ・ミルクと言われている。当選の翌年、ミルクは執行委員を辞した元同僚からの凶弾によって倒れることになるが、彼の名は人々の記憶に刻まれ、今なおシンボルとして影響力を持ち続けている。その後今日に至るまでパリ、ベルリンなど大都市の首長や一国の首相を含め、幾人もの政治家が同性愛をカミングアウトして当選を果たしてきた。

日本では尾辻かな子前参議院議員が大阪府議会議員在任中の二〇〇五年にレズビアンであることを初めて公表した。二〇〇七年の任期満了以降は国政選挙に二度立候補し落選するも、二〇一三年五月から七月までは繰り上げ当選で二カ月余り参議院議員を務め、国会議員としても日本初の同性愛の議員となった。

市町村議会では、石川大我豊島区議と、石坂わたる中野区議が同性愛を公表して二〇一一年、二〇一五年の統一地方選に立候補、両名とも二期連続で当選を果たした。

一方、上川あや世田谷区議は二〇〇三年に性同一性障害を公表して当選した初の議員となり、現在まで毎回高順位の得票で四期務めている。上川氏には二〇〇七年一〇月、「女政のえん」第六回のトークにゲストとしておいでいただいた。現職の議員を務める政治家は呼ばないのが女政のえんの原則なのだが、この回に限っては例外とした。出馬を決心するまでの経緯や選挙運動、議員としての活動などの話に加え、セクシュアル・マイノリティとは何か、同性愛と性同一性障害の違い（同性愛は性的指向の問題、性同一性障害やトランス・ジェンダーは性自認の問題）など、性の多様性についての基礎を学べる会ともなった。性同一性障害の当事者から直接に日常の困難や経験を聴き、会場が沈黙に包まれる瞬間もあった。

ところで、概ね、少数者の尊重、「進歩的」などと目される渋谷区の条例だが、事態はもっと複雑だ。渋谷区は二〇〇九年、区立宮下公園の命名権を「ナイキジャパン」に売却して整備計画を進めることを公表した。以来、区は公園内の野宿者の強制退去、排除に乗り出し、支援活動も規制した。「ナイキ化計画」を進めた区と、野宿者および支援団体は対立し、渋谷区を相手取った国家賠償訴訟が起こされるまでに至った（二〇一五年三月、区側が地裁で敗訴、区は控訴した）。実は、宮下公園の「ナイキ化計画」と、パートナーシップ証明導入の両者を共に積極的に推進してきたのは同一の区議

（現区長）と区長（当時）である。

この野宿者と同性カップルに対する「人権」の適用の落差は一体なにか、疑問、批判の声が上がっている。パレスチナへの占領政策で非難を浴びているイスラエルがセクシュアル・マイノリティの擁護やゲイ・フレンドリーであることを打ち出してポジティブなイメージを発信し、その陰で別のネガティブな側面――「同性愛嫌悪」と見なされるパレスチナへの暴力を覆い隠そうとするイメージ戦略をピンク・ウォッシングという。区長選挙直前というタイミングで提出され、成立した渋谷区の「全国初のパートナーシップ証明」もこのピンク・ウォッシングと同様の構図ではないか、というわけである。

もう一つ指摘すべきことがある。同性パートナーシップ証明ばかりが目をひいたせいで、条例の名称が、「同性婚条例」、「パートナーシップ条例」などという名称で報道され広がった。しかし、正式な名称は「渋谷区男女平等及び多様性を尊重する社会を推進する条例」である。つまり、本家本元は国の男女共同参画社会基本法に基づいて制定されるいわゆる「男女共同参画条例」のはずであり、「パートナーシップ証明」はこの中の第一〇、一一条に位置づくものである。ところが報道の中ではこの「パートナーシップ証明」によって「男女平等」は名称からさえも取り除かれてしまったのだ。「男女平等」の行政課題は山積しており、いまだその達成にはほど遠い段階なのに、早くも後景に退かされ、「多様性の尊重」、「ダイヴァーシティ」といった流行の標語にその母屋を取られてしまう勢い、とでもいえようか。女性政策、男女平等政策への軽視を感じざるをえない。

もちろん、性差別の解消に向けて「多様な性のありかたを認め、尊重する」ことは重要なことだ。否、多様性を「尊重する」どころか、無自覚に前提とされ、内面化されてきた異性愛中心主義こそ性差別社会を構成する根底的な基盤、その本丸であることに私たちはもっと気づくべきなのだ。

賛否はともあれ、パートナーシップ証明等、同性カップルの保障の制度化と議論が進むことで（しかし、なぜ「カップル」ばかりなのか、は別として）、日本社会のセクシュアル・マイノリティの可視化に大きく弾みがつくことは間違いない。また、性と生殖、婚姻、家族といった領域が、政治の大きな関心事であり、国策の対象であることも改めて浮き彫りになろう。それらが「個人的なことがら」ではなく、すぐれて政治的な問題群であることはフェミニズムの中でも繰り返し言われてきたことである。

【資料】

衆議院における女性議員の推移と女性首長の歴史

（2016年1月末現在・敬称略・昭和はS、平成はHと略記している）

● 衆議院における女性議員の推移と女性比率

〈戦後最初に行なわれた第22回衆議院選挙（1946年）は大選挙区制・制限連記制、第23回選挙（1947年）より中選挙区制・単記投票制となり、第41回選挙（1996年）以後は小選挙区・比例代表制であるが、候補者の員数は重複立候補者数を差し引いた数値である〉

選挙回数	選挙実施日（年月日）	投票率（%）		候補者（人）		当選者（人）		女性比率（%）
		女性	男性	女性	男性	女性	男性	
22	1946（S21） 4.10	67.0	78.5	79	2691	39	427	8.4
23	1947（S22） 4.25	61.6	74.9	85	1505	15	451	3.2
24	1949（S24） 1.23	68.0	80.7	44	1320	12	454	2.6
25	1952（S27）10. 1	72.8	80.5	24	1218	9	457	1.9
26	1953（S28） 4.19	70.4	78.4	22	1005	9	457	1.9
27	1955（S30） 2.27	72.1	80.0	23	994	8	459	1.7
28	1958（S33） 5.22	74.4	79.8	19	932	11	456	2.4
29	1960（S35）11.20	71.2	76.0	21	919	7	460	1.5
30	1963（S38）11.21	70.0	72.4	18	899	7	460	1.5

選挙回数	選挙実施日（年月日）	投票率（%）		候補者（人）		当選者（人）		女性比率（%）
		女性	男性	女性	男性	女性	男性	
31	1967（S42） 1.29	73.3	74.8	15	902	7	479	1.4
32	1969（S44）12.27	69.1	67.9	21	921	8	478	1.6
33	1972（S47）12.10	72.5	71.0	20	875	7	484	1.4
34	1976（S51）12. 5	74.1	72.8	25	874	7	504	1.4
35	1979（S54）10. 7	68.6	67.4	23	868	11	500	2.2
36	1980（S55） 6.22	75.4	73.7	28	807	9	502	1.7
37	1983（S58）12.18	68.3	67.6	28	820	8	503	1.6
38	1986（S61） 7. 6	72.5	70.2	35	803	7	505	1.4
39	1990（H 2） 2.18	74.6	71.9	66	887	12	500	2.4
40	1993（H 5） 7.18	68.1	66.4	70	885	14	497	2.7
41	1996（H 8）10.20	60.2	59.0	153	1350	25	475	5.0
42	2000（H12） 6.25	62.9	62.0	202	1204	35	445	7.3
43	2003（H15）11. 9	60	59.7	149	1010	34	446	7.1
44	2005（H17） 9.11	68.2	66.8	147	984	43	437	9.0
45	2009（H21） 8.30	69.1	69.5	229	1145	54	426	11.3
46	2012（H24）12.16	58.6	60.1	225	1279	38	442	7.9
47	2014（H26）12.14	51.7	53.7	198	993	45	430	9.5

●知事

名　前	都道府県	任　期	就任年齢（任期数）	前　職
太田房江	大阪府	2000（H12）2.6 ～2008（H20）2.5	48 (2)	岡山県副知事（1997～99）、経産省審議官
潮谷義子	熊本県	2000（H12）4.16 ～2008（H20）4.15	61 (2)	熊本県副知事（1999～2000）
堂本暁子	千葉県	2001（H13）4.5 ～2009（H21）4.4	68 (2)	参議院議員（1989～2001）
高橋はるみ	北海道	2003（H15）4.23 ～2019（H31）4.11	49 (4)	経産省、北海道経済産業局長（2001～02）など
嘉田由紀子	滋賀県	2006（H18）7.20 ～2014（H26）7.19	56 (2)	京都精華大学教授
吉村美栄子	山形県	2009（H21）2.14 ～2017（H29）2.13	57 (2)	行政書士

就任順。６名のうち２名が現職。

●市長

	名前	市	任　期	就任年齢（任期数）	備考
1	北村春江	兵庫県芦屋市	1991（H3）4.27 ～2003（H15）6.10	62 (3)	
2	澤　光代	神奈川県逗子市	1992（H4）11.11 ～1994（H6）11.30	51 (1)	辞職
3	樋口暁子	埼玉県蓮田市	1998（H10）5.31 ～2006（H18）5.30	53 (2)	
4	上原公子	東京都国立市	1999（H11）5.1 ～2007（H19）4.30	49 (2)	
5	渡辺幸子	東京都多摩市	2002（H14）4.21 ～2010（H22）4.20	53 (2)	

	名前	市	任　期	就任年齢 (任期数)	備考
6	白井　文	兵庫県尼崎市	2002(H14)12.12 ～2010(H22)12.11	42 (2)	
7	大蔵律子	神奈川県平塚市	2003(H15)4.30 ～2011(H23)4.29	64 (2)	
8	清原慶子	東京都三鷹市	2003(H15)4.30 ～2019(H31)4.18	51 (4)	
9	中尾郁子	長崎県五島市	2004(H16)9.5 ～2012(H24)9.4	69 (2)	
10	長塚幾子	神奈川県伊勢原市	2004(H16)10.1 ～2012(H24)9.30	50 (2)	
11	東門美津子	沖縄県沖縄市	2006(H18)5.12 ～2014(H26)5.11	63 (2)	
12	河井規子	京都府木津川市	2007(H19)4.22 ～2019(H31)4.18	51 (3)	
13	当麻よし子	埼玉県所沢市	2007(H19)10.30 ～2011(H23)10.29	58 (1)	
14	伊東香織	岡山県倉敷市	2008(H20)5.19 ～2016(H28)5.18	42 (2)	
15	長谷川典子	茨城県常総市	2008(H20)8.3 ～2012(H24)8.2	65 (1)	
16	大平悦子	新潟県魚沼市	2008(H20)11.30 ～2016(H28)12.1	52 (2)	
17	横山久雅子	千葉県白井市	2008(H20)12.10 ～2011(H23)4.7	58 (1)	失職
18	中川智子	兵庫県宝塚市	2009(H21)4.19 ～2017(H29)4.18	61 (2)	
19	久保田后子	山口県宇部市	2009(H21)7.18 ～2017(H29)7.17	54 (2)	
20	奥山恵美子	宮城県仙台市	2009(H21)8.22 ～2017(H29)8.21	58 (2)	

21	林　文子	神奈川県横浜市	2009（H21）8.30 ～2017（H29）8.29	63 (2)	
22	稲村和美	兵庫県尼崎市	2010（H22）12.12 ～2018（H30）12.15	38 (2)	
23	末松則子	三重県鈴鹿市	2011（H23）5.1 ～2019（H31）4.18	40 (2)	
24	越　直美	滋賀県大津市	2012（H24）1.25 ～2020（H32）1.24	36 (2)	
25	小野登志子	静岡県伊豆の国市	2013（H25）4.24 ～2017（H29）4.23	69 (1)	
26	染谷絹代	静岡県島田市	2013（H25）5.29 ～2017（H29）5.28	58 (1)	
27	小田木真代	茨城県高萩市	2014（H26）3.2 ～2018（H30）3.1	52 (1)	
28	茂木英子	群馬県安中市	2014（H26）4.23 ～2018（H30）4.22	54 (1)	
29	城間幹子	沖縄県那覇市	2014（H26）11.18 ～2018（H30）11.16	63 (1)	
30	金子ゆかり	長野県諏訪市	2015（H27）4.19 ～2019（H31）4.18	56 (1)	

就任順。３期は女性初の市長北村（芦屋市）と現職の清原（三鷹市）。辞職・失職を含め１期は10名。内現職が６名。17名は２期。内現職は９名。

● 特別区長

	名前	特別区	任　期	就任年齢 (任期数)	備考
1	中山弘子	東京都新宿区	2002（H14）11.24 ～2014（H26）11.23	57 (3)	
2	近藤弥生	東京都足立区	2007（H19）6.20 ～2019（H31）5.16	48 (3)	

●町長

	名前	町	任　期	就任年齢（任期数）	備考
1	山西きよ	茨城県東茨城郡小川町（現・小美玉市）	1957（S32）4.28～1959（S34）2.7	47（1）	
2	藤田満寿恵	福島県東白川郡棚倉町	1977（S52）1.25～1996（H8）7.27	54（5）	辞職
3	山田節子	群馬県利根郡水上町（現・みなかみ町）	1986（S61）12.1～1990（H2）11.30	58（1）	
4	太田貴美	京都府与謝郡野田川町	1994（H6）12.21～2006（H18）2.27	48（3）	合併2006.3.1
		京都府与謝郡与謝野町	2006（H18）4.19～2014（H26）4.15	59（2）	
5	中島正子	広島県佐伯郡湯来町（現・広島市）	1999（H11）4.30～2005（H17）4.24	60（2）	編入2005.4.25
6	日下纓子	大阪府豊能郡豊能町	2000（H12）10.31～2008（H20）10.12	60（2）	
7	中嶋玲子	福岡県朝倉郡杷木町（現・朝倉市）	2002（H14）4.21～2004（H16）3.24	48（1）	辞職
8	前田清子	滋賀県神崎郡五個荘町（現・東近江市）	2003（H15）2.1～2005（H17）2.10	47（1）	合併2005.2.11
9	野名澄代	三重県志摩郡大王町（現・志摩市）	2003（H15）2.12～2004（H16）9.30	53（1）	合併2004.10.1
10	吉廣啓子	福岡県京都郡苅田町	2005（H17）11.13～2017（H29）11.12	60（3）	
11	清水ひろ子	兵庫県加古郡播磨町	2006（H18）7.13～2018（H30）7.12	57（3）	

12	川野恵子	北海道 石狩国上川郡 東神楽町	2008（H20）2.28 ～2012（H24）2.27	51 （1）	
13	柿沼トミ子	埼玉県北埼玉郡 大利根町 （現・加須市）	2008（H20）4.14 ～2010（H22）3.22	60 （1）	合併 2010.3.23
14	真瀬宏子	栃木県下都賀郡 野木町	2008（H20）8.24 ～2016（H28）8.23	62 （2）	
15	田島公子	埼玉県入間郡 越生町	2009（H21）2.25 ～2013（H25）2.24	62 （1）	
16	原　明美	大阪府泉南郡 田尻町	2011（H23）12.1 ～2015（H27）11.30	54 （1）	
17	大澤タキ江	埼玉県秩父郡 長瀞町	2013（H25）7.29 ～2017（H29）7.28	66 （1）	
18	森川絹枝	神奈川県愛甲郡 愛川町	2013（H25）10.28 ～2014（H26）5.31	62 （1）	辞職
19	村田邦子	神奈川県中郡 二宮町	2014（H26）11.30 ～2018（H30）11.29	57 （1）	

●村長

	名前	村	任　期	就任年齢 （任期数）	備考
1	沢口フク	秋田県仙北郡 中川村	1947（S22）4 ～1951（S26）4	60 （1）	
2	赤城ヒサ	茨城県真壁郡 上野村 （現・筑西市）	1947（S22）4.6 ～1954（S29）11.2	41 （2）	合併 1954.11.3
3	松野　友	岐阜県本巣郡 穂積村	1947（S22）4.5 ～1948（S23）9.30	34 （1）	町制施行 1948.10.1
		岐阜県 穂積町 （現・瑞穂市）	1948（S23）10.1 ～1990（H2）7.5	36 （11）	

	名前	村	任　期	就任年齢 (任期数)	備考
4	早川ミタ	千葉県安房郡 神戸村 (現・館山市)	1948 (S23) ～1952 (S27) 5.14	不明 (1)	
5	吉良史子	高知県高岡郡 葉山村 (現・津野町)	1994 (H6) 1.24 ～2001 (H13) 9.10	57 (2)	辞職
6	黒瀬喜多	秋田県南秋田郡 大潟村	2000 (H12) 9.5 ～2008 (H20) 9.4	55 (2)	
7	桜井久江	長野県下伊那郡 清内路村 (現・阿智村)	2004 (H16) 8.23 ～2009 (H21) 3.30	55 (2)	編入 2009.3.31

リレートーク「女政のえん」のこと——あとがきに替えて

●漆田－土井和代●●●●

二〇一五年、四月の統一地方選挙で女性議員の比率は前回よりわずかに伸び、過去最高になったという。一方、無投票当選もその記録を更新した。投票率の低さ（特に若者たちの）が嘆かれ、地方の人口減少と高齢化も一層顕著になってきた、ということであった。

ところが、である。安保法制をめぐる安倍政権の独走・強行ぶりに、「民主主義の危機」「民主主義の機能不全」「民主主義への疑問」を叫ぶ声がかつてないほど高まったその夏、若者たちの清新な動きが街頭に広がった。それに応えるように多くの老若男女が国会周辺を取り囲んだ。若者たちは政治家や長く社会運動を続けてきた人たちとは違う言葉で語っていた。地殻変動が、この国の政治に起きるかもしれないという期待もこめて、私たちも足を運び、「民主主義ってコレだ！」と唱和していた。女性議員の微増は喜んでもよいが、そのくらいでは起きない地殻変動、その可能性を夢見ながら。

彼らの言う「コレ」の中身は何だったのだろう。大勢の赴くままに唯々諾々とせずノーの態度を示すこと、だったかもしれない。それだって、本当に大切なことだと思う。そして、「コレ」の中身をこれからもっと具体的な形で、一つずつでも提示してもらえたらと思い、待っても居る。「政治」をあきらめない彼らの姿勢が、私たちの心を打ったのだから、と言っておきたい。そして、女性が政治の世界に出ていくと、政治や社会がどんなふうに劇的に変わるものか、端的に知っていただきたいと願って、この本を未知の多くの読者に向けて準備してきた「私たち」も、「政治」をあきらめたくないものの列につらなっている。

「私たち」がもっと女性を政治の場に、というとき、そこには政治について、「生活に根差した考えを生活実感から離れない言葉で語りだすことから始めたい」、という主張が込められていると言ってもよい。日常生活を大切にすることと政治を大切にすることとが、いま見るようにこんなにかけ離れたままであってよいわけがない。空疎な言葉の切り結びなどでなく、政治を私たちの手の届くものにして行きたい。そのためにも、政治について私たちのイメージを大きく揺さぶってくれた三人の女性首長の講演は、読者に深い共感をもって受け止めてもらえるのではないか、と考えていたのである。

＊

本書には三人の女性首長の経験を収録した。そのもととなる原稿は、リレートーク「女政のえん」という場でお話しいただいた講演記録である。トークは別掲リストにあるように、二〇〇六年の土井たか子さんを皮切りに年数回、渋谷道玄坂にあった「花のえん」*というこじんまりとした居酒屋の中でスタートした。店にお客さんを呼ぶための仕掛け、応援企画という一面を持っていたからである。世話人の一人であり事務局も引き受けてくれている世織書房の伊藤晶宣さんの発案であったが、「女性と政治」というテーマに即座に反応した五人が世話人となり、後に一人が企画に加わった。「私たち」とはこの世話人のことである。

そして、「何かを生み出して行くことに向かって街に出よう！　大きな希望と小さくても確かな風を！」とうたいながら、「女性と政治」について、平場の言葉で語り合う会として続けて来たものである。

＊「花のえん」　東京渋谷道玄坂の女性が共同経営する家庭料理の店。その前身「居酒屋じょあん」（一九八一年開店）が二〇〇四年の改装を機に改名し「花のえん」となった。「じょあん」時代にも、トークイベントや沖縄三線ライブ、詩を読む会など、様々なイベントをしており、「女と男の政治トーク」（三井マリ子×大森彌、一九八八年）、「日本新党に政治の未来と男女平等政策を聞く」（円より子×細川護煕、一九九二年）など、「女性と政治」についてのトークイベントも催したことがある。連続トークと銘打っての「女政のえん」は、「花のえん」時代に始まったもの。

ゲストにはそうそうたる顔ぶれが多かったが、国政から地方議会、小さなムラやマチの選挙で頑張った人たち、ロビー活動もする研究者など、多彩な方々をお迎えすることができた。交通費も謝礼もお出しできないという条件でお願いし、その無理を聞いてお引き受けくださったゲストの方々には、改めて深くお礼を申し上げたい。多くは現職を退かれていたが、三〇数人で一杯になる親密な空間で、どなたにも政治を志されたいきさつも含め、自身の「女性政治家」としての経験を、あるいは「政治」との関わり方を、等身大の言葉でお話しいただいてきた。参加者は二〇代から七〇代くらいまで、大半が女性で、男性もちらほら、という具合だった。笑いの渦に包まれることはしばしば。目が潤むどころか涙の止まらない場面も何度あったか知れない。人が存在をかけてその課題に取り組んだことが直に伝わった瞬間である。「政治」についてのトークで、こんなにも深く心を揺り動かされることなど、滅多にあるものではないのに。

ゲストのお話を聞いた後で飲食を共にし、参加者同士自己紹介しあい、互いの経験を自分の言葉で語りあった。議員や、議員をめざす人も中にはいたが、そうでない人の方が多かった。東京近県からだけでなく、関西方面や遠く島根県から出張の機会に重ねて参加したという人もいて、未知の人と知り合い、情報を伝えあう場にもなった。いつか記録集を出すことを念頭に置きながら、毎回録音記録も残してきた。

残念ながら、店は二〇〇八年に閉店したが、その後も外に場所を求め、現在二〇回まで続けて来

リレートーク「女政のえん」ゲスト一覧（敬称略）

	ゲスト	開催日	主な政治的経歴
1	土井たか子	2006年4月8日	衆議院議長、社会民主党党首（2014年逝去）
2	赤松良子	7月8日	文部大臣（細川内閣）、ＷＩＮＷＩＮ代表
3	三木睦子	10月14日	九条の会呼びかけ人（2013年逝去）
4	水島広子	2007年2月24日	衆議院議員
5	中山千夏	5月26日	参議院議員
6	上川あや	10月7日	世田谷区議
7	三井マリ子	2008年2月23日	東京都議、全国フェミニスト議員連盟発起人
8	樽川通子	5月31日	長野県下諏訪町議、しなの学校主催、女性議員比率日本一達成（2007年）
9	上野千鶴子	8月2日	東京大学大学院名誉教授、フェミニスト社会学者
10	園田天光光	12月6日	女性参政権獲得後、初の総選挙で衆議院議員（2015年逝去）
11	大脇雅子	2009年3月14日	参議院議員
12	上原公子	11月7日	国立市長
13	堂本暁子	2010年2月20日	参議院議員を経て千葉県知事
14	南野知恵子	12月25日	法務大臣（小泉内閣）、参議院議員
15	千葉景子	2011年10月8日	参議院議員、法務大臣（鳩山内閣、第一次菅内閣）
16	勝又みづえ	2012年6月10日	山口県本郷村の入村募集で移住、村議に立候補、「ムラ」の選挙に善戦
17	笹野貞子	9月9日	参議院議員
18	潮谷義子	12月2日	熊本県知事、日本社会事業大学理事長
19	原ひろ子	2013年5月25日	学識経験者として内閣府の男女共同参画の委員等を歴任
20	大河原雅子	11月30日	都議を経て参議院議員

注・会場は第１回から第９回までが渋谷道玄坂「花のえん」、第10回から第13回、第15・16・18回は東京大学駒場「ファカルティハウス」、第14回・19回は「東京ウィメンズプラザ」、第17回は渋谷区女性センター「アイリス」、第20回は世田谷区男女共同参画センター「らぷらす」、で行われた。なお、第21回は嘉田由紀子前滋賀県知事を予定。

た。ゲストからのお話しのうかがい方、交流の場の持ち方も、ほとんど変わっていないが、お食事会は場所を変えて会場の近くでするようになったので、そちらの参加者は少し減ってしまったようだが。とはいえ、「女性をもっと政治の場に！」という、企画当初からの願いに近づいたと言えるほどの変化は、残念ながらまだ見えないと思うから、ここに一回目からチラシに記した私たちの初心の言葉を繰り返しておきたい。

政治とは生活の仕方を決める手段、といわれながら、生活を主に担っている女性たちが少ししかいないまま、生活から離れている人たちが政治を担ってしまっています。生活を担っている女性たち（女なら誰でもよいわけではありません）が、生活の中から出てくる言葉を生かして政治が行えるようになる——そんなあたりまえの日常世界の実現に向かって、皆さんと話し合っていきたいのです。

憲法も、男女共同参画も、ジェンダーも、そして教育基本法も共謀罪も厳しいせめぎあいの嵐の中にある今、政治には「どうしても女性が必要」だと思います。そこをきちんと論理づけて、説得的に広め、女たち（＋男も）が縁を結びあい「私たちの代表」を送り出していく可能性を追求して行きたいと考えています。そんな目標に向かって一緒におしゃべりしましょうよ！

ユルイ呼びかけ文だと思うが、言葉だけ立派ないわゆる「ことあげ」にはうんざりしていた私たちには、これでよかったのだと思う。おしゃべりをしながら、走りながら考えるスタイルでやってきたから、気張らずにここまで続けてこられたのだろう。

*

潮谷さんのトークが終わったあたりで、女性首長三人の分をまとめて本にしてはどうだろうか、という話題が自然に持ちあがった。最初はブックレットのような簡単なものをつくるつもりで、まずは講演記録を文字化するところから始めた。しかし文字原稿にしてみると、もっと聞いておきたかったこと、確認を要することなどが次々と出て来た。一方で、起こした原稿に目を通しながら、私たち自身が原稿に励まされもした。この方たちの熱い語り口は、トークに参加したことのある人たち、自分の関わる小さな活動・運動の中で日ごろ接する人たちを超えて、もっと広い読者にも伝わるはずだ、と。政治にあまりよいイメージを持てないでいる人、政治家にほとんど期待するものを持たない人にも、この本を読んでもらえるようにしたいと、私たちは強く願い始めた。それででできるだけ読みやすいものにしようと考え、各講演者（執筆者）に原稿を見ていただく際、そのことをお伝えしたので、結果的に元原稿にかなりの加筆・改稿がなされることになった。また、私たちの判断で、本文に関連した短い注を適宜加えることにしたし、もう少し長い説明をした方がよいと思った脇筋の事項はコラムという形でいれることにし、分担してそれにあたった。こういうアイデアは、特に女性の世話人四人が実務作業を進めながら、少しずつ膨らませてきたものだった。何度も合宿し、他にも終日かけて打ち合わせをすることを重ねた。そういうわけで、コラムと注については、もちろん該当箇所の執筆者にも見ていただいたが、責任は私たち編者にある。

三本の原稿には最初思っていた以上に共通点があった。まず三人ともそれぞれの仕方で憲法にふれ、憲法に照らして自治体の施策に取り組む姿勢を示していること（これは元原稿の段階からそうであった）。次に、施行されたばかりの「地方分権一括法」を肯定的に受け止め、それを活かして使うための工夫・模索について述べていたこと。そして平場で住民の声を直接聞こうとして、本当の対話・話し合いを求めて住民集会を重ねたこと（その熱気はアラブの春や台湾のひまわり運動に比べるべくもないが、二〇〇〇年代の日本にもあったのだ。現に沖縄では今も続いている）。そして二期八年の真摯な取り組みの結果、これ以上の重任には堪え得ないとして引退を決意していることまで、共通していた。

三本の原稿をどう並べるか、トークの開催順とか、首長就任時期順というのも考えてみたが、結果的にこのようにした。しいて理由づければ、その人が政治家として政治の表舞台に登場した時期順、というくらいのことと受け止めていただきたい。また、防災政策に女性の視点は欠かせないと、東日本大震災を契機に起ち上げられた堂本さんたちの活動の記録（初出は『女も男も』二〇一二年春夏号、労働教育センター）を、付論として収録したことについてふれておきたい。被災者としての女性への配慮はもちろんのことであるが、政策立案段階からの女性の参加があってこそ、防災・減災の実効性があるのだという提言は、本書にふさわしいものだと考えたからである。これまでの政治経験、培ってきた女性のネットワークを動員しての取組みにほかならない。

話しは前後するが、すでに校正刷りの出ていた一昨年の秋、ふと思うところがあった。「地方分権一括法」の成立・推進のために行政学者として実質的な働きをされた東京大学名誉教授西尾勝さんからコメントをいただけないか、と。分権化のための制度的な道筋を整えても、制度の担い手の一角、自治体職員の意識も変わらないといけないとして、多忙な時間を割いて全国行脚の講演をされた（のちに『自治・分権再考――地方自治を志す人たちへ』ぎょうせい、二〇一三年にまとめられた）と仄聞していた。無謀を省みず申し出、「論考『市民参加の武蔵野方式』から地方分権改革へ」を寄稿していただくことができた。かつて法政大学名誉教授・松下圭一さん（二〇一五年五月逝去）と手を携え、一時代を画した「武蔵野方式」を市民とともに作り出した経緯、分権化時代の起点における三首長それぞれが取り組んだ施策への理解あるコメントなども、お書きいただいた。「地方自治」は「住民自治」でなくてはならない、その篤い志は、立場は違うが三人の首長とも共通すると思われる。「未完の分権改革」という言葉とともに、よくよく見ていただきたい。

また、本書の「まえがき」は赤松良子さんにお願いし書いていただいた。ＷＩＮＷＩＮ代表という立場で、今も女性を議会に送る活動を続けておられるだけでなく、第二回「女政のえん」のゲストになっていただいたし、他のゲストの回にもたびたびご参加いただいてきた方である。ぜひにとお願いし、お受けいただいたことを、感謝申し上げたい。

この本の出版は、当初、二〇一五年統一地方選挙を意識して進めて来たのだが、種々の事情が積み重なって予想外の遅れとなった。執筆者の方々にはそれぞれ多忙ななか急ぎ進めていただいただけに、申し訳ない気持ちで一杯である。しかし、選挙という賑やかな興奮の中で読まれる替りに、「政治」を自分たちの手の届くものにする、という発想をじっくり考えてみるのには、これでよかったのかもしれないと、今は思うことにしたい。

さて、やはり校正刷りが出てからのことだが、今回のトークとは別に、メディアを賑わした「女性と政治」に関する出来事が二つばかりあった。一つは東京都議会での「セクハラやじ事件」、もう一つは同性カップルに対しパートナーシップ証明を発行する条例をつくった、渋谷区ほかの動きである。これを一過性の話題として取り上げるのではなく、問題の根っこを考える解説を掲載したいという世話人の意見を入れ、編者の一人でもある西山千恵子さんに執筆してもらうことにした。

＊

最後に、リレートーク「女政のえん」の企画を回してきた「私たち」世話人のプロフィールを、簡単に紹介しておいた方がよいであろう。

黒岩秩子さんは世話人中唯一、議員の経験を持つ人で、堂本暁子さんが千葉県知事選に出馬されたことで新党さきがけの補欠として繰り上げ当選し、五カ月だけ参議院議員となった。七人の子どもを〝実験〟的に育て、その内容を『おお子育て――保育所の子どもたちと七人のわが子』（教育史料出版会、一九八一年）など多くの著書により、子どもという可能性を追究したばかりか、新潟県南魚沼に住んで、不登校や障がいをもった子どもたちが力をためる大地塾を開き続けた。高齢者や障がい者が生き生きと毎日を送れる場を営んでもいる。

大海篤子さんは子育てを終えてから大学院へ進み、『ジェンダーと政治参加』（世織書房、二〇〇五年）という著書を著し、長年、世田谷区内で仲間と共に生活者ネットワークのメンバーとして女性区議や都議を送り出す選挙活動も続けている。本書巻末の女性議員や女性首長についての資料も、主として大海さん作成によるものである。

市野川容孝さんは東京大学に籍を置く社会学者、学生時代から障がい者運動に関わり、自身の専門として医療社会学・生命倫理学を切り拓いてきたが、介助ボランティアのシフトに加わり続ける実践家でもある。『身体／生命』（岩波書店、二〇〇〇年）、『社会』（岩波書店、二〇〇六年）などの著書がある。

西山千恵子さんは「アートとフェミニズム」の研究を続ける中で、自治体が庁舎や公園など公共空間に設置する人体彫刻に女性ヌードが偏って多いことや、女子トイレ覗きの過去について居直り発言をする男性芸術家に対し、新潟市が「無頼な生きざま」を称えるとして（坂口）安吾賞を授与した問題など、文化行政のジェンダー構造を問いかける活動も続けている。

伊藤晶宣さんは世織書房の代表としての表の顔の他、二七年間養護施設で生活し、子どもたちに様々に鍛えられ、また障がいをもった彼女／彼らが働く場を創り続けている。

そして私は、「花のえん」の前身、「じょあん」という八〇年代に女性たちで始めた店の時代から、社会的な問いかけをささやかなイベントに託して重ねて来た。もとは編集者であったが、日本女性学会や東京フェミニストセラピーセンターの創立・運営に参加したり、日本文学を対象としたフェミニズム文学批評の実践をささやかながら続けて来た。

＊

本書の「あとがき」は、世話人一同の名前で書くべきであったかもしれない。試みようとしたがうまくいかなかった。文体が定まらない。そこで今回は世話人の一人、私がリレートークの経緯について書いていた「コラム」の原稿に加筆し、本造り過程でのあれこれや、世話人の紹介も書くことになってしまった。

私たちはお互い以前からの知り合いだった者同士ではないが、トークの企画運営や本書の出版を進める中で、情報を共有しあい、横並びに緩やかにつながってきた。また少しずつ各人の持ち場に対しての理解も深めて来たように思う。「何かを生み出して行くことに向かって」、閉じてしまわないで緩やかにつながるこんなつながり方が、あちこちにフツーにあると、とても息がしやすいんだがなー、と思っている。この本を読んでくださる方々の周辺にも、そういうつながり方があるのだろうか（あるとすれば、心強いし、なければ、少しずつ作り出していきませんか）。

本当に、日本はどうなって行くのだろう。身のまわりの日々の出来事に一喜一憂しながら、私たちはやはり、「政治」をあきらめない、と言いたくて、この本を送り出す。つながり方を模索している人たちの手に届きますように。

二〇一五年一二月

首長たちの挑戦——女が政治を変える

2016年 4月15日　第1刷発行 ©

編　者｜女政のえん
装幀者｜M. 冠着
発行者｜伊藤晶宣
発行所｜(株)世織書房
印　刷｜(株)ダイトー
製本所｜(株)ダイトー

〒220-0042 神奈川県横浜市西区戸部町7丁目240番地 文教堂ビル
電話045(317)3176　振替00250-2-18694

乱丁本はお取替えいたします　Printed in Japan
ISBN978-4-902163-87-2